事興るは逆境にあり

和泉市長
辻　宏　康

青林堂

推薦のことば──市民に寄り添う誠実な人柄に惚れる

２００５年5月、出張中の私の携帯電話に、突然辻さんから電話が入った。電話番号を交換していたものの、直電を受けるのは初めてだった。何事だろう?と耳を傾けると、「現職市長が任期途中で辞職され、市長選があります。出たいと思います」。突然の出馬表明だった。当選する見込みが必ずしもない中での出馬だったが、「和泉市を良くするために出なければならないんです!」電話口の向こうから、その真摯さと誠実さが伝わってきた。

辻さんとの出会いは、２００２年の春に遡る。大阪市立大学（現・大阪公立大学）法学部に勤務していた私の研究室の院生としてお見えになった。住民投票のことを研究したい、と言われ議員活動を続けながら院生として研究することが始まった。毎週の演習での報告や他の報告者へのコメントは、その勉強量の凄さと、しかし相手への配慮を欠かさない誠実さを内包した素晴らしいものだった。2年間の修士課程を終え、２００４年、全国アンケート調査結果も踏まえた、レベルの高い論文が提出された。

先の電話のあと、和泉市に応援に入る機会はなかったが、メディアを通じて惜敗を知った。

その後、4年間の浪人生活を経て、2009年6月、現職、元職を破って市長となった。

市長になってからの辻さんは、その誠実さという人柄はそのままに、実行力という点で群を抜いていた。長年にわたって市財政を圧迫してきた市立病院改革の結果、病院の経常収支が黒字化し、市財政からの補てんがなくなった。小中一貫校の開校は、子育て世帯の定住につながっている。条例を提案して、ホテル誘致を積極的に進める。そして、和泉市100年の計は人事にあり、との考えのもと、職員の人材育成を市政の重要課題に位置付け、最近では、人事給与制度の抜本改革を行って、これも実行している。

辻さんは、和泉市の未来を見据えた先見性と、市民に寄り添う温かいリーダーシップで、多くの市民から厚い信頼を得ている傑出した自治体首長だといえる。辻さんの最大の魅力は、その温厚で誠実な人柄と、政策の実行力とにある。常に市民の声に耳を傾け、それを市政に反映させる姿勢は、多くの支持を集めている。2年ほど前、全国市長会（東京）の夜、他県の市長と辻さんとで懇談しているときに、通勤手段が話題になった。辻さんは今でもバス通勤だという。普通は市長は公用車で送迎するものだ。全国の800人余いる市長の中で、バス通勤している市長は何人いるだろうか。ここにも辻さんの誠実さが表れている。

今後も、その手腕を発揮し、さらなる市の発展と市民生活の向上に尽力してくれることだと思う。
本書はその辻さんの半生記である。市民の方にも、他の首長の方にも是非読んでいただきたい。

早稲田大学政治経済学術院教授　稲継　裕昭
（元大阪市立大学法学部教授、２００７年から現職）

はじめに

２０２１年の市長選挙で当選させていただき、早いもので4期目となりました。市長に就任した当初、まさか4期も市長をするとは思ってもいませんでした。市長という職は、ほぼ無休で公務をこなさねばならず、かなりの体力と気力が必要です。また長期政権は、マンネリ化や硬直化に陥って、市政を沈滞させるのではないかと危惧《きぐ》していました。ところが実際4期になっても、初心忘るべからずの姿勢で、市政運営に取り組むことができています。

１９９６年に市議会議員に初当選し、政治家としての歩みを始めてから、今年で28年を迎えました。紆余曲折の道のりではありましたが、多くの方々にご支援やご指導を頂いたお陰で、いくつもの困難を乗り越え、現在も和泉市政に携わることができていると、心から感謝しております。

この度は、政治家として歩んできた道を振り返りながら、気づいたことや学んだことを思うままに書き下ろしたものをまとめてみました。拙い文章ではございますが、ご笑覧頂ければ幸いでございます。

これからも初心を忘れず、「公直無私」の思いを胸に刻み、和泉市の輝かしい未来を創造するため、全身全霊で取り組んでまいりますので、変わらぬご指導とご鞭撻《べんたつ》を賜りますようお願い申し上げます。

和泉市長

辻宏康

目次

第1章

市長元気卓配便と市長スマイル宅配便

元気第1号　人生二度なし

夏が過ぎ、また次年度の予算に向けてのヒアリングの時期がやってきます。一年ごとに、時間の経過が速くなると感じているのは私だけでしょうか。一日一日が大切な時間なのですが、あっという間に過ぎてしまう感があります。

和泉市は桃山学院大学と包括連携協定を締結しており、その一環として、私も「法職オリエンテーション」の授業で講義をさせていただいています。その講義で毎回、喜多川泰氏の『上京物語』を紹介します。

この小説は、大学を卒業して成功を夢見て上京する息子に、人生で何をすべきなのか、本当の幸せをつかむための考え方はどうなのかということを、父から息子への渾身の手紙によって伝えるというストーリーです。

その小説を読むと、時間の速さが実感でき、今からでも遅くない価値ある人生を歩んでみようという気になります。

仕事や人間関係、家族のことなどで悩むことが少なくありません。そんな時に「大切なこ

桃山学院大学での授業風景

とに気づかせてくれる話」や「軽く背中を押してくれる勇気がもらえる話」に出会うと心が元気になります。

　私も本や映画、人の話で元気を頂くことがよくあります。そんな話を「市長元気卓配便」と称して、短いエッセイ調の文章にしてお届けします。和泉市の発展と市民生活の向上をめざす和泉市役所の皆さんに、「市長元気卓配便」を通じて、少しでも元気を送ることができたら最高の幸せです。

２０２２年９月上

元気第2号　人間関係の改善

スポーツの秋、食欲の秋、芸術の秋、積極的に色々なことにチャレンジしましょう。またちょっと勇気を出して、人間関係の改善にも取り組みましょう。

どんな人でも、相手と過去は変えられません。変えられるのは、自分とこれから先の未来だけです。そして人間関係では自分が変わった分だけ、確実にその関係は変わります。先ずは、自分が変わることからです。

ある企業の部長が、高校生になる娘と意思の疎通が図れないとカウンセラーに相談しました。カウンセラーは、冷蔵庫のドアに掲示板を張り付けて娘さんに対して、毎日一言でもいいからメッセージを書き続けるようアドバイスしました。「今日は寒いから風邪をひかないように」「帰ってきたらちゃんと手を洗って」という具合に、出かける前にメッセージを残すのです。どうして冷蔵庫なのか。それは家族が必ず毎日使う場所だからです。

そして数カ月後、その部長がボロボロと大粒の涙をこぼしながら、「先生ありがとうございました。娘が、家族に戻ってきました。あれから毎日メッセージを書き続けました。最初は半信半疑でしたが、先生がアドバイスされた通り、一日も欠かさず続けました。そうしたら、娘もボードに書いてくれるようになって。それを見たときは本当に泣きました。これほどうれしかったことはありません」

以心伝心という言葉もありますが、今の時代、なかなかそうはいきません。いかにして伝えるかを考えなければ、知らない間に家族に溝ができてしまいます。家族が元気の源となるよう、家庭では最高のコミュニケーションをつくりたいものです。また職場においては、「心の矢印、今どっち」を口癖にして、「俺が、俺が」「私が、私が」と心の矢印が自分に向かっているような時、少し相手の方に心の矢印の向きを変えてみるようにしてはどうでしょうか？

冷蔵庫掲示板のお話は、原田隆史さんの『大人が変わる生活指導』からの抜粋です。

２０２２年９月下

元気第３号　ふるさと納税

９月に入ってから、ふるさと納税の調査研究のため、有田市と泉佐野市を視察させていただきました。令和3年度のふるさと納税額では、有田市が約49億円、泉佐野市が100億円超です。対して、和泉市は8億円です。この差は、いったい何なのでしょうか。

今回両市を訪問したきっかけは、市長に就任した当初より付き合いがある有田市の望月市長との意見交換会です。そこで、「ふるさと納税にはノウハウがあり、そこをしっかり押さえないと数字は伸びない。辻市長だったら、そのノウハウを教えますよ」と望月市長に言っていただきました。また、私が市議会議員の時から20年来の付き合いがある、自称「ふるさと納税総本家」泉佐野市の千代松市長も訪問させていただきました。両市の次元の違う取り組みをお聞かせいただき、一からやり直さねばと痛感いたしました。

先ず大切なことは、本気度を高めることです。コンセプト、覚悟、体制づくりなどの幹の部分をしっかり持たなければなりません。次にいかにしてより多くの納税者に和泉市の存在をアピールできるかです。総務省からの規制が強化される前、和泉市も17億円までふるさと納税額が伸びていた時期がありました。それでも日本のトップを走る泉佐野市とは、歴然とした差がありました。今回の視察で、その差の原因について少しわかったような気がしました。

総務省の規制があり、過熱気味だったふるさと納税競争も落ち着いてきましたが、全国のふるさと納税合計額は年々増加しており、令和3年度は8300億円でした。一方、計算上のふるさと納税最大値は、2兆6000億円ですので、まだまだ増加するポテンシャルはあります。
和泉市の地場産品のブランド化を図り、情報発信のノウハウを磨いて、庁内一丸となり、ふるさと納税総本家の泉佐野市に対抗して、元祖ふるさと納税を名乗るくらいの意気込みで、取り組みを進めてまいりましょう！

2022年10月上

元気第4号　私の健康法

今回は、私の健康法について書かせていただきます。心身共の健康は、人生を有意義に過ごすために何より大切なことだと思います。私が日頃より心掛けている健康法は3つあります。先ず1つめは規則正しい生活、2つめは少しだけハードな運動、3つめはストレス対策です。その3つの基本で健康づくりに励み、年に1度受診する人間ドックで健康状態をチェックして健康維持に努めています。月によっては目標が達成できない時もありますが、続け

夫婦仲良く大汝山登頂

ることを優先し、肩に力を入れず取り組んでいます。

規則正しい生活で気を付けていることは早寝早起きです。就寝は夜11時まで、起床は朝５時までと決めています。次にアルコールです。仕事柄、アルコールを伴う会合は、かなり頻繁にありますが、２日に１日はアルコールを抜くようにし、深酒は控えています。根が好きな方なので、たまに飲み過ぎることもありますが、近年、二日酔いはほとんどありません。

少しだけハードな運動は、早朝のランニングです。基本的には毎月１２３キロ走るようにしています。１２３キロは、１イ、２ズ、３ミの語呂合わせで、走行距離のイズミを達成することで、小さな目標達成を楽しんでいます。それと大正時代から伝承されている健康体操である自彊術《じきょうじゅつ》を早朝に行い、体の軸を整える10分程度の体幹体操も朝昼晩の３回行っています。

精神面の健康では、早朝の10分程度の瞑想と趣味の読書を行うことです。そして仲のいい友人や仕事仲間とのたまにやる飲み会も、大切な健康法の一つです。

他にもいくつかありますが、面白いところでは、３年前に還暦を迎え、人生の節目を意識して、今までにやってないことをやろうと始めた登山です。今年は８月初めに仲間と中央アルプスの木曽駒ヶ岳（２９５６メートル）を、また８月末に妻と北アルプス立山の大汝山《おおなんじやま》（３０１５メートル）を登頂しました。人生における登山の大きな目標は、キリマンジャロ登頂です。仕事の関係で、いつ登れるかわかりませんが、そんなとんでもないことに夢を馳せてワクワクすることも心の健康にはプラスかなと思っています。

２０２２年10月下

元気第５号　議会答弁等が上手くなる方法　パート1

課長職以上になると、本議会や委員会で答弁しなければなりません。それが結構なプレッシャーになっているようです。今回は、答弁をいかに上手にこなすかについて書かせていただきます。答弁は広い意味ではスピーチなので、スピーチという切り口で話を進めます。

私にとって、スピーチは仕事の一環です。最近はコロナ禍の影響で出席する会合が少なく

議場にて

なり、スピーチの機会が激減していますが、通常は年間約1000回のパブリックスピーチを行います。今までで一番多い人前でのスピーチは、京セラドームで行われたプロ野球市民観戦デーで2万人を超える観客を前にした時でした。また人数だけではなく、質というのでしょうか、大臣が出席する会合でのスピーチであるとか、ミネソタ州の野外ステージにおいて、アメリカの建国記念日のお祝いメッセージを英語で行ったこともあり、これまでかなりプレッシャーを感じるシチュエーションでスピーチしてきました。当然あがります。パート1では、それをどのようにして克服するのかについて紹介致します。

そのことについて3つ紹介します。3つとも日常の生活の中で行うことです。一見あがらないことと関係ないように思いますが、胆力をつけるというか、腹の据わった人間になるためには、絶大な効果があります。

１つめは、深呼吸です。私たちは意識しないと、どうしても息が浅くなってしまいます。ゆっくりと鼻から吸って口から吐く。色々な方法があると思いますが、ネット等で調べて自分に合う、また続けられる方法でやってみてください。

２つめは、腰骨を立てることです。それがどんな関係があるの？　と思われるかもしれませんが、腹が据わった人間になるのに非常に効果があるそうです。立腰教育は森信三という高名な教育者が提唱した教育で、気持ちのコントロールができて、集中できる人間になれるそうです。

３つめは、瞑想です。朝起きた時とか寝る前に、気持ちや気分をリセットするために行います。時間は5分から10分で良いと思います。

すぐに効果は出ないかもしれませんが、やり続けていると少しずつ効果が実感できると思います。次回から2回に分けて、昔、通っていた話し方教室での学びを紹介します。

２０２２年11月上

元気第6号　議会答弁等が上手くなる方法　パート2

前回は精神的な部分で、腹の据え方について書きました。今回は、スピーチする時の留意点について書きます。

私が政治家への道を歩もうと決意したのは、30歳になった頃です。その時、政治家として必要な資質であるスピーチ力を高めるために、話し方教室に通いました。

その教室は、当時、吹田市江坂にあった「自己表現セミナー」で、主催者は喜田寛氏です。喜田氏は話し方を超えた生き方を問う「話道」の世界を追求した方で、元気の出る言葉をアートにする書道家としても活躍されていました。

もう30年以上も前ですが、最初は「立て板に水」のような話し方を身に付けるために毎週江坂まで通いました。セミナーは各自が好きなテーマでスピーチして、喜田氏からフィードバックを受けるという、オーソドックスなやり方です。

数カ月セミナーを受けた後、発表会がありました。自分ではそれなりに上手くスピーチできたと思ったのですが、喜田氏から「辻さん、確かに卒なく話せていますが、伝わってこないんです。なぜだかわかりますか。辻さんは言葉に心を乗せようとしているからです」と言われました。

私は言葉に心を乗せることの何が悪いのかわからず、キョトンとしていると、喜田氏は「言葉に心を乗せるんじゃない、心に言葉を乗せるようにしてみてください。伝えたいという気持ちがあれば、言葉はいくらでも出てきます」と続けました。私はそれ以来、ここ一番というスピーチの時は、上手く話すことより伝える気持ちを大切にしています。

孔子の教えに「巧言令色《こうげんれいしょく》鮮《すくな》し仁《じん》」があります。この箴言《しんげん》は、口先だけ上手く、顔つきだけよくする者には、真の仁者はいないという意味です。話す技術よりも、本当に大切なことは、真心であったり誠実さということですね。

「自己表現セミナー」には、1年ぐらい通い、最後は上級テストをトップで合格し、喜田氏直筆の「言葉づかいは心づかい、咲顔《えがお》はあなたの心の表現」という色紙を頂きました。

２０２２年11月下

元気第7号　議会答弁等が上手くなる方法　パート3

今回は、2年前の還暦を機に、発想の転換をしてみようと受講した、YouTubeで話題となっている鴨頭嘉人《かもがしらよしひと》さんの「話し方の学校」について書きます。鴨頭さんは、元マクドナルドのカリスマ店長で、ノリが良く、ダイナミックなスピーチをします。私も、型通りの挨《あい》拶《さつ》ではなく、鴨頭さんのような挨拶ができないものかとチャレンジしてみました。

授業は、半年間で6回あり、メインは与えられた課題を日常生活の中で行っていくというもので、その課題がとてもユニークなのです。例えば、Facebookを使って、毎日、自分の笑顔画像を投稿したり、何かを誉めて自分がそれについてどう感じたかをメッセージするのです。

その他、自撮りした動画を1週間に1本のペースで、同じようにFacebookに投稿します。投稿する際のルールは、「スピーチの長さは3分以内」「良い話をしようとすること禁止」「上手く話そうとすること禁止」「フォーマットを使って楽しんで話すこと」です。なお、フォーマットには、「3点タイプ」「エピソードタイプ」があります。「3点タイプ」とは、何かに関する3つの事柄に関してスピーチするスタイル、「エピソードタイプ」とは、自分の実体験に基づいて、感じたことをスピーチするスタイルです。

要はFacebookを利用して、課題を投稿し、話すことに慣れるという手法です。私も真面目に、毎日の笑顔と週に1度のスピーチを投稿しました。そんなやり方で、お互いフィードバックして交流したり、学んだり気づいたり、また気の合う仲間とつくったグループで、大阪城公園をランニングしたり、飲み会もしました。

いろんな業種の人がいましたし、ライザップ経験者や全身脱毛経験者など、かなりユニークな人もいたので、とても刺激になりました。

政治家で神スピーチと言われる小泉進次郎氏は、「最高のスピーチ勉強法は、自分のスピーチを録音して、それを聞きなおすことだ」と仰っていました。

まとめると、スピーチ上達の方法は、「笑顔を忘れないこと」「心の矢印を相手に向けて、長所や特性を意識的に注視（美点凝視）し誉めること」、そして「繰り返し自分でチェックすること」です。努力と結果は、正比例の関係にあるということで、「習うより慣れろ」ですね。

２０２２年12月上

元気第8号　和泉市新庁舎完成へ

　今年もあと半月となりました。黒基調の重厚なイメージの新庁舎に、芝生や樹木の緑が映えて、とてもいい雰囲気になってきました。イズミ広場も何度かの雨のお陰で、芝生が地面に馴染んできました。新庁舎3階市長室の窓から、最後の工程である立体駐車場や物販飲食棟の建設、また植栽作業の様子を毎日ワクワクしながら眺めています。

　また秋頃から、マイナンバーカードを申請される市民さんが増えてきて、いつも市役所の1階が多くの方で賑わっています。思い違いとわかりながらも、何か流行っているデパートのような気がして、和泉市役所人気が出てきたのかなぁと、少しうれしくなります。

　こうして新庁舎が出来あがると、それが当たり前のように思います。しかし思い起こすと、新庁舎建設と旧庁舎耐震化の政策決定で、何度か揺れ動き、新庁舎建設に決定するも、また次は建設地の議論となりました。

　現地建替えか移転かで、市議会の皆さんと議論を尽くしましたが、現地建替えの市当局と多数を占める移転派議員さんとの折り合いがつかず、最終的に住民投票をすることになりま

新庁舎

した。それに先立ち、住民説明会をしたところ、驚くほど多くの方々が説明会に参加され、侃々《かんかん》諤々《がくがく》の議論が交わされました。最後は、地方自治法に基づき議会で諮られた結果、現地建替えとなりました。

その後も、現地建替えの課題であった借地解消に向けては、随分と地権者の皆様にはご無理を申し上げました。そんなことを思い起こすと、本当によくここまでたどり着けたものだと思います。

これも、新庁舎建設に携わった方々が真摯《しんし》に取り組んでくださったお陰だと思います。地権者や市民、議会、職員、それぞれ立場や考え方は違っても、決まったことにまっすぐ向き合い、どうすれば和泉市の発展につながるのかという観点で物事を進めてくれました。有難いことです。

そんな関係者皆様の思いの結晶が新庁舎です。素晴らしい容れ物ができました。これからは、そこに入る私たちが自分自身をもっともっと磨いて、和泉市役所を訪れるすべての方々に咲顔《えがお》になっていただき、満足していただけるよう、努めてまいりましょう。

２０２２年12月下

元気第９号　あけましておめでとうございます！

今年の干支は、癸卯《みずのとう》です。ウサギは昔から「飛躍」「子孫繁栄」を象徴する縁起の良い動物とされています。和泉市役所新庁舎も今月21日にグランドオープンを迎えます。是非、今年は和泉市にとっても、私たちにとっても、飛躍の一年にしたいですね。

庁舎建替えは、旧庁舎完成の１９５８年から64年が経ち、悲願達成の感があります。けっして豪華絢爛《けんらん》な造りではありませんが、シンプルな素材を使った、今風のスタイリッシュな仕上がりで、とても良いと思います。市長元気卓配便８号にも書いた通り、これからはそこに入っている私たちが、新庁舎にふさわしい「和泉発日本を実現できる人財」となるよう切磋琢磨していきましょう。和泉市職員としての誇りと使命感を持って今年も仕事に夢中になろうではありませんか。

ところで昨年は、皆さんにとって良き一年だったでしょうか。私は、初孫の「丸田大福《まるただいふく》」が誕生し、人生で最高の一年でした。命の継承というか、自分の血を引く者が誕生したことに感動しました。

空中ブランコに挑戦

プライベートでは、友人と木曽駒ヶ岳に、妻と二人で立山大汝山に登頂、また伊勢志摩のジェットスキーツアーや男三人奈良お寺巡り三日ツアーなど、非日常的なことができました。その他、半分仕事半分趣味の活動でも、さくらサーカスでの空中ブランコ体験や文化芸術振興事業のフラメンコ出演、メサイア合唱団とのハレルヤ合唱、イルミネーション点灯式でのマジックショー、総合医療センターでのクリスマスコンサートなど、思い出深いことを目一杯体験できました。

また仕事では、第一線で活躍されている方々を外部委員に招聘《しょうへい》して、人事給与制度改革と教育改革という二つの大きな改革に取り組むことができました。今後は、これらの改革を現場に落とし込み、行政組織や社会において、最も重要な資源である人財の育成に全力で取り組みます。

昨年にも増して今年も素晴らしい一年となり、「人生で最高の一年だった」と言えるよう、歩みを進めてまいりましょう！

２０２３年１月上

元気第10号　明るく挨拶をしよう！

「挨拶」という漢字は、「読めるけど書けない」という人が多いのではないでしょうか。身近な言葉ですが、書けない。それが挨拶です。では、挨拶って、そもそもどういう意味か知っていますか？「挨」は、押す、開く、迫る、近づくという意味の漢字です。一方「拶」は、迫る、押し寄せるという意味の漢字です。両方とも似たような意味で、「挨拶」は、心を開いて迫るというイメージでしょうか。

和泉府中駅でいずみあいさつ運動

和泉市の行動目標にも、「私たちは、明るく挨拶をします」とあり、朝礼などの際に宣言していただいています。皆さんは、この行動目標を実行できているでしょうか。私は、ほとんどの職員ができていると思います。しかし中には、できていない職員や、普段はできている職員でも、できていない時があります。育ってきた家庭環境やその人の性格で挨拶が苦手な人がいるかもしれません。これまではそういう事情にも配慮し、挨拶することを徹底してきませんでした。しかし、これからは挨拶を徹底していきましょう！

職員が挨拶をできるようにするのは、管理職の責任です。コミュニケーションの第一歩は挨拶です。良好な職場環境には、挨拶が必要不可欠です。できることなら、職場においてだけではなく、通勤時にも職員同士で挨拶してください。

私は、ジョギングの時や、旅行に行って道ですれ違う人に対しても、挨拶するよう心掛けています。知らない人にも挨拶しますが、ほとんどの人は挨拶を返してくれます。挨拶は気持ちの良いものです。「おはようございます」「こんにちは」「こんばんは」と、たった一言の言葉の交わし合いで気持ち良くなれる、魔法のような行為ではないでしょうか。たまに挨拶を返してくれない人もいますが、そんな時は、「よし、よくやった」と、挨拶運動を率先している自分を誉めてあげましょう。

と言っても、今まで挨拶する習慣がなかった人には、勇気がいるかもしれません。そんな時は、先ず、返事から始めてみましょう。挨拶は、能動的な行為ですが、返事は受動的な行為です。明るく返事する練習をして、明るい挨拶ができるようになっていきましょう。

２０１３年4月から「いずみあいさつ運動」を始め、まる10年を迎えようとしています。是非とも、２０２３年度、「明るくあいさつをするまち宣言」をしたく思っています。みんなの力で、実現しましょう。

２０２３年1月下

元気第11号　経営の神様

経営の神様、松下幸之助氏と並び称される、日本を代表する経営者、京セラの創始者である稲盛和夫氏が、昨年、90歳で逝去されました。昭和、平成、令和の時代、経済界に非常に大きな影響を及ぼした経営者です。私の愛読書月刊「致知」にも、１９８７年から登場し、30年以上にわたって、人間力の向上についての教えを説かれていました。私は、20年ぐらい前、市議会議員であった頃、高野山奉賛会の会合で、たまたまご挨拶させていただく機会を頂きました。今でもその時のことを鮮明に覚えており、本当に良い機会を頂けたと感謝しています。

稲盛氏は、京セラやＫＤＤＩを世界的な企業にまで成長させ、また２０１０年に日本航空（ＪＡＬ）が経営破綻した際には、齢78歳にして自ら再建に着手し、わずか2年8カ月で株式を再上場させました。

稲盛氏は京セラ時代より、アメーバ経営など独自の経営手法で事業の健全化や拡大に取り組んできました。またその一方で、京セラフィロソフィという経営哲学を確立し、人材育成にも尽力されていました。

京セラフィロソフィで説いている稲盛氏の教えは、多岐にわたりますが、その中で私が特に感銘を受けた三つを紹介します。

1点目は、成功方程式「人生としごとの結果＝考え方×熱意×能力」です。熱意や能力の値は、0から100までありますが、考え方だけはマイナス100からプラス100まであり、熱意と能力の値がいくら高くても、考え方がマイナスであっては、熱意と能力の高さが仇となるということです。

2点目は、「動機善なりや、私心なかりしか」です。事業に取り組む時、私利私欲からではなく、正しい動機から出ていることなのか、自分自身に何度もこのことを問いかけ、腹に落ちたら、迷わず突き進むということです。

3点目は、「努力に勝る天才なし」です。何事も愚直に努力していれば、いつの間にか能力が伸び、周りが驚くような成長を遂げるということです。

皆さんにも、参考にしていただきたく思います。

2023年2月上

元気第12号　映画のススメ

今回は、私の趣味の一つである映画鑑賞について書きます。

小学生の頃から映画好きで、テレビのロードショーで放映されていた『風と共に去りぬ』

等をカセットテープに録音して、場面をイメージしながら繰り返し聴いていました。劇場での映画鑑賞は中学生の頃からです。当時は、南街劇場や千日前セントラルまで行きました。『燃えよドラゴン』や『ポセイドン・アドベンチャー』『パピヨン』等が思い出深い映画です。

今でも新作の映画を観る時は、近くのシネマコンプレックスに行きますが、主には家のホームシアターで、昔の名作を観ています。ホームシアターは、２年前、応接間に大画面の液晶テレビとサウンドバーなどを設置してつくりました。大画面で観る映画は、結構迫力があります。テレビ自体にも最新の音響システムが内蔵されていますので、映画を観る時はサウンドバーを使いませんが、ＤＶＤでミュージカルやオペラを観る時、サウンドバーで聴くと圧巻です。

少し贅沢《ぜいたく》ですが、ホームシアターは映画好きにはおススメです。ホームシアターをつくろうと思ったきっかけは、原田マハの小説『キネマの神様』です。小説に出てくる映画館「テアトル銀幕」を自宅で再現しようと思ったのです。「テアトル銀幕」では、『ニュー・シネマ・パラダイス』とか『ライフ・イズ・ビューティフル』のような昔の感動の名作が上映されています。私は、ホームシアターで昔の名作を毎月10本ぐらい鑑賞しています。この２年ぐらいで、Amazon prime や Netflix、Disney Plus で２００本以上の映画を観ました。

それでは、最後に、私のおススメの映画トップテンを紹介します。

1、きっと、うまくいく
2、42〜世界を変えた男〜
3、チョコレートドーナツ
4、フィールド・オブ・ドリームス
5、ショーシャンクの空に
6、天使のくれた時間
7、フォレスト・ガンプ〜一期一会〜
8、ビリーブ　未来への大逆転
9、いまを生きる
10、UDON（うどん）

他にも良い映画はたくさんありましたが、私なりにランキングしてみました。こうしてランキングしてみると、結局どれも大画面で見なくても楽しめる映画ばかりです（笑）。でも大画面で部屋を暗くし、映画館の雰囲気を出して昔の名作を観ると、ノスタルジックな雰囲気に浸れます。

２０２３年２月下

元気第13号　元気です！

少し役所をご無沙汰しています。現在、手術を終え、吹田市の国立循環器病研究センターで療養しています。そうです、私は、先月の20日に入院し、22日に心臓弁膜症の手術を受けました。左心室の大動脈弁に逆流が生じていることは、昨年の１月にわかっていたのですが、公務などのスケジュールで手術が今になりました。

毎年人間ドックを受けていましたが、内診では発見されず、別の手術を受けるため行った心エコーの時に、心臓大動脈弁での逆流が発見されました。もし、心エコーをしていなかったら、未だに発見されていなかったかもしれません。知らずに放っておいたら、心不全になっていたかもしれないので、本当にラッキーでした。

手術は、胸を開いて一時的に心臓と肺の機能を代行する人工心肺装置を用い、心臓を切開して弁と肥大化した心臓大動脈の機能を回復させる開心術という方法がとられました。心臓を一時的に止めて、大動脈弁を交換するのですから、大手術です。しかし、不思議と怖いとか不安とかの感覚はなく、なるようにしかならないだろうと開き直っていました。

私は、過去に2度、命拾いした経験があります。1度目は3歳の時です。車の陰から飛び出してトラックにはねられ、2日間意識不明の状態が続き、生死の狭間をさまよった後、目覚めたそうです。以後、小学校入学まで4回の手術を行いましたが、今では全く何の後遺症もなく、日常生活を送れています。もう1度は19歳の時です。無謀にも台風の海で、ボードセーリングをして流されてしまい、陸がどちらかわからなくなりました。しばらくして日が暮れて、辺りが暗くなったとき、ある一方向だけが、ボーっと明るかったので、岸の灯りに違いないと、ボードを捨てて全力で泳いだところ、1時間後、岸にたどり着き、一命を取り留めました。この2度の経験を通じて、何か大きな力によって生かされているのではないかと感じています。

今回も幸運に恵まれ、早期に発見でき手術することができました。また、手術は生体弁と人工心臓大動脈に交換する予定でしたが、人工心臓大動脈に取り替えたら、自分の大動脈弁がきっちり閉まったことから弁の交換が必要なくなりました。人工心臓大動脈はフリーメンテナンスなので、後のメンテナンスが不要となったのです。言わば最高の結果となりました。このことに感謝し、与えられた和泉市長としての使命を正に「命を使う覚悟」で全うしていこうと気持ちを新たにしています。

若い方々も油断しないで、毎年人間ドックくらいは受けてください。自分の大切な命と健康は自分で守りましょう。

2023年3月上

元気第14号　絶好調です！

3月8日に国立循環器病研究センターを退院して、現在、自宅で療養しながらテレワーク中です。前号に引き続き、病気療養中なので、皆様方に元気を卓配できるような立場ではありませんが、ご容赦ください。物心がついてから、病院に入院するのは昨年の1月が初めてで、今回が2回目でした（3歳の事故の時の入院は記憶にありません）。昨年の入院では、人間ドックで20年ぐらい前から、腫瘍マーカーのPSAが高いので要注意と指摘されていた前立腺がんがとうとう発症し、和泉市立総合医療センターで、ダヴィンチ（手術ロボット）

を使って、摘出手術をしていただきました。

ダヴィンチは、体に3～4カ所小さな穴を開けて、そこから手術器具を挿入し、モニターを見ながらリモートで手術をします。体を切開しないので、術後の回復が早く、通常の生活に速やかに戻れるのが利点ですが、本当にその通りで、退院して6日目から早朝ランが再開できました。

今回の手術では、胸と胸骨を切開しましたので、術後は結構しんどいです。じっとしていたら、痛みは感じないのですが、ちょっと動いただけで軽い痛みを感じます。また、せき込んだ時などは、かなり響くので、せきをするのを躊躇《ちゅうちょ》してしまいます。そんな状態ですので、退院して1週間が過ぎましたが、とてもランニングを再開しようという気にはなりません。

思想家であり、ヨガの達人でもある中村天風という方がいます。中村氏は、明治から昭和にかけて活躍された方で、東郷平八郎、原敬、双葉山、松下幸之助、稲盛和夫等の偉大な方々に大きな影響を与えました。私も中村氏の著書『運命を拓く』や『真人生の探究』などを拝読させていただき、その教えを参考にしています。

その中村氏は、30代半ばに致死率の高い悪性の結核に感染し、西欧の高名な医師を何人も訪ねましたが、結局進行を止めることさえもできず、船で帰国の途に就いていたところ、ヨガの大聖人カリアッパ師に出会いました。その後、カリアッパ師の教えに従い、チベットでヨガの修業を重ね、結核を自然療法で完全治癒させたのです。中村氏は、「病によって体は不健康な状態になるが、心は細菌やウィルスに蝕《むしば》まれることはない。心は自分次第で健康になれるのだから、心は不健康であってはいけない」と説いています。

人間、どうしても体がしんどいと、心まで萎《な》えてしまいがちです。しかし、自分の気持ちをコントロールできれば、体は絶不調でも心だけは絶好調と思えるはずです。なかなか容易なことではありませんが、この自宅療養期間を通じて、そのことを実感したく思っています。

２０２３年３月下

元気第15号　職場復帰しました

３月20日開催の第１回定例会の一般質問から、職場復帰しています。２月20日に国立循環器病研究センターに入院し、その後の手術と集中治療、自宅療養を経て、約１カ月ぶりに職務に就くことができました。

仕事をやりだすと、気合が入って色々とやってしまうので、復帰したての頃は、帰宅後、一気に疲れが出て、夕食後、風呂にも入らず、床に就くこともありました。やっぱり切開した胸部の治癒が進行中なので、かなり体力の消耗があるのだと感じます。これも日にち薬《ぐすり》なので、焦らずということが大切です。それでも、日を追うごとに、体が回復している手応えも感じてますし、それと同時進行で、気力がみなぎっており、何か手術前よりパワーアップしているようにも感じます。前回の市長元気卓配便で、体は絶不調でも心は絶好調になれると書きましたが、まさにそれを体感しています。

さて、今回の人事異動、いかがでしたでしょうか。意に沿った職場に就けた方、またそうでない方もいると思います。しかし、これも気持ちの持ち方が、肝要です。仏教に「随処《ずいしょ》に主となれば、立処《たつところ》皆な真なり」という教えがあります。それぞれの置かれた立場や環境で、それぞれのなすべき務めを精一杯果たせば、必ず真価を発揮することができるという意味です。「人生二度なし」、それぞれの置かれた立場で、自分を磨くため、精進してまいりましょう！

先日は、退職辞令の発令を行いました。退職された皆様には、本当に長い間、それぞれの公務に尽力され、本市の発展にご貢献いただきました。心から敬意と感謝を申し上げます。先ずは、ゆっくり休養を取ってご自身を労《いたわ》っていただき、新たな人生の一歩を踏み出していただきたく思います。

２０２３年４月上

元気第16号　本当のスタートライン

今回はある漫画家の話を書きます。

17歳で描いた漫画が入賞し、早速担当の編集者がついて、連載をめざすことになりました。ところがそれから思うようにいかず、編集者とも言い争いが絶えない日々が続きます。毎日が不安と焦りの連続でしたが、それでも諦めずに漫画を描き続けました。しかし、そんな無理がたたって体調を崩し、「もう漫画家を諦めよう」と考えるようになったそうです。

その時、「こんなに頑張って報われない奴を見たことがない。必ず報われる。諦めるな」と励ましてくれたのは、喧嘩ばかりしていた編集者でした。漫画家はその言葉に励まされ、「まだ頑張れる」と自分自身を奮い立たせたのです。その後、連載が実現し、多くの人の心をつかむ作品となりました。これは『ワンピース』の作家、尾田栄一郎さんのエピソードです。

私も7年前、劇場での「スーパー歌舞伎Ⅱワンピース」鑑賞のため、事前学習で約80巻を友人から借りて一気読みしました。ギネスに登録されるにふさわしい素晴らしい漫画と思いましたが、その誕生の裏には、作者の大変な艱難辛苦《かんなんしんく》があったのです。

ある偉人は、「もうダメだという時が仕事のはじまり」と言いました。尾田さんにとって「もう漫画家を諦めよう」と思った時がスタート地点だったのです。

私も、もうダメだと思うような局面が幾度かありました。しかしそんな時、周りの誰かが励ましの言葉をかけてくれたり、支援してくれました。その励ましに助けられて、力を振り絞って一歩踏み出すと、不思議ですが、それまでとは違った展開が始まるのです。

皆さんも、壁や困難が目の前に現れ、心が折れそうになることがあると思います。働き方改革の時代ですから、限界まで努力しろとは言えませんが、自分の人生をドラマチックに演出するため、そんな経験をしてみるのも良いかもしれません。努力している姿を見てくれている人は必ずいます。自分を信じ、全力を尽くし、明るい未来を拓きましょう。

2023年4月下

元気第17号　市民さんに声を掛けられる職員になりましょう

若い職員さんは知らないかと思いますが、約15年前、和泉市ではフロアマネージャーを設置していました。この取り組みは、管理職が交代で一人ずつ「フロアマネージャー」というタスキを掛けて、市役所の正面玄関受付横に立って、市民の方々を案内するというものです。

私が市長になってからは、「みんなが、フロアマネージャー」をキャッチコピーにして、管理職だけでなく、すべての職員が案内板で行きたい部署を探している市民さんや迷っていそうな市民さんに声を掛けて、庁内を案内する取り組みに改変しました。その後、その取り組みが少しずつ浸透し、市民の皆様から役所の職員が丁寧に対応してくれるようになったと、お褒めいただくことがよくありました。今でも、案内板で行きたい部署を探している市民さんに声を掛けて、その部署まで案内している職員もいますが、皆さんはどうでしょうか？

市役所に来られる市民さんの中には、生活に不安があって相談に来たものの、どこの部署に行っていいかわからず、庁内をくるくる回るだけで、誰にも声を掛けることさえできず、不安だけを持って帰られる方もいます。市役所に来て相談しても、解決できないこともありますが、市民さんの中には、話を聞いてもらうだけで随分と気が楽になったと言われる方もいます。ですから、できるだけ声を掛ける機会を増やしていただきたいと思います。
もっと言うと、こちらから声を掛けるだけではなく、市民の方々から声を掛けられるようにもなってほしく思います。市職員の名札を付けて歩いていても、険しい顔をしていたり、不安そうにしている職員には声を掛けづらいものです。自分が相手の立場だったらどうだろうかという視点を大切にして、「すみません。〇〇に行きたいのですが」と安心して尋ねられるように、普段から笑顔でいること、おおらかさを保つことを心掛け、「みんなが、フロアマネージャー」を、いつも心に刻んでおいてください。

2023年5月上

元気第18号　たんぽぽの話

今回は、先ず、私の好きな詩の一つ、詩人坂村真民《さかむらしんみん》さんの「タンポポ魂」を紹介します。

踏みにじられても

食いちぎられても
死にもしない
枯れもしない
その根強さ
そしてつねに
太陽に向かって咲く
その明るさ
わたしはそれを
わたしの魂とする

心が折れそうな時、この詩を読むと、力がみなぎってくる思いがします。タンポポは、誰もが知っている身近な花の一つです。タンポポという名も、一度聞いたら忘れられない不思議な響きがあります。そんなどこにでも生えている

タンポポ

タンポポですが、たくさんの謎を秘めた花なのです。

例えば、花を支えている細い茎は、花が咲き終わるといったん倒れ、種子が熟すると、また元気よく立ち上がって、綿ぼうしをかぶった状態になり、子孫を増やすため、風に乗せて種子を飛ばします。

ストロー状の細い茎は、普通の茎と区別して花茎と呼ばれ、根に続く本来の茎の部分は1センチほどしかありません。また、ロゼット状と呼ばれる、地面に張り付き、放射状に広がった葉は、130度の間隔で反時計回りに開きながら増えていきます。知ってそうで、知らないことだらけです。そして、主根は非常に長く、1メートルを超えることもあるそうです。地上の見える部分をすべて刈り取っても、また再生するのは、地面に深く張った根があるからなのです。

人間も同じで、目立とう目立とうと、上に伸びることだけを考えている人より、地面に深く根を張るタンポポのように地道に努力している人の方が、長期的に見ると本当の力をつけ、自分の夢や目標を達成しているように思います。

5月は、人事異動などで、新しい環境に馴染めず、体や心の不調に陥りやすい時期です。そういう時は、無理して頑張らず、気楽に、ゆったりと過ごしましょう。

子どもの頃に仲の良かった友達に久々に会うとか、図書館で目についた本を乱読してみるとか（子どもの絵本を20冊ぐらい読むのも良いです）、今までと違うことをしてみると、気づかなかった深く伸びている自分の根っこに、気づくかもしれません。

２０２３年5月下

元気第19号　インシデントをなくそう

「市長へのインシデント報告」を実施してから、早いもので約1年半が経過しました。〝DEATH NOTE〟ならぬ、〝MISS NOTE〟を作成して、インシデント報告書を部署ごとにファイルしています。小さな失敗でも、市長に報告しなければならないというプレッシャーを与えることによって、ミスが減少することを期待したのですが、最近、インシデント報告を受ける機会が増加してきており、少し気が重くなっています。

市長に就任した当初から、ことの大小に関わらず、ミスの発生については「トップである市長に責任がある」と、気を引き締めてきました。それは、共時性の理論に基づいています。共時性の理論とは、心理学者のユングが発表した理論で、因果関係のない二つの出来事が、偶然とは思えないタイミングで同時に起こるというものです。つまりトップの気の緩みが、組織のミスを引き起こしたのだと考えています。これはそれぞれの部署でも言えることで、部署の規律が緩むとミスが発生すると意識し、他人事とは考えないで対処してほしく思います。

アメリカのハーバート・ウィリアム・ハインリッヒが提唱したハインリッヒの法則では、1件の重大事故が起こった背景には、軽微で済んだ29件の事故、そして事故寸前の300件の異常が隠れているとしています。ハインリッヒの法則は、建設現場や医療現場などのリスクを伴う職場環境だけではなく、一般的なオフィスワークでも適用されます。

大きなミスをなくすために行うべきことは、小さなミスをなくすことです。その小さなミスをなくすためには、さて、何を心掛ければいいでしょうか。

それは、整理整頓の徹底だと思います。先ず、身の回りの書類や小物を整理整頓し、次に仕事の段取りを整理整頓の上、報連相を徹底しましょう。

自分の周りのことを、常に自分がハンドリングできる環境を整えることが、ミスの発生を予防することにつながるのではないでしょうか。

２０２３年6月上

元気第20号　カレーハウスCoCo壱番屋の創業者に学ぶ

先日、マッセ大阪に行った帰り、無性にカレーが食べたくなり、すぐ近くにあるココイチに入って、「チキンと夏野菜カレー」を食べました。ということで、今回は、「致知」6月号に記載されている日本最大手カレーチェーン「カレーハウスCoCo壱番屋」の創業者である、宗次徳二《むねつぐとくじ》氏の随筆「目の前の目標達成に一所懸命向き合うことが人生の突破口になる」を紹介します。

宗次氏は、1948年生まれの74歳ですが、生後間もなく尼崎市の養護施設に預けられ、3歳の頃に地元で雑貨業を営む養父母に引き取られました。ところが、養父が競輪に狂って瞬く間に破産してしまい、ろうそく1本の明かりで暮らすどん底の日々でした。8歳の時、愛想をつかして出ていった養母の元に行くも、そこでも15歳まで電気のある生活をしていませんでした。我々には想像できない幼少期のつらい生活ですが、宗次氏は、この原点があったからこそ、お客様に対して心の底から「ありがとう」の感謝を抱き、接客できるようになったと言います。そして、厳しい道に行き着いたとしても、その道で耐え忍んだ経験は必ず力となり、素晴らしい出会い、未来につながるとも言っています。

宗次氏が、名古屋市内でココイチ1号店をオープンしたのは、1978年、29歳の時でした。オープン3日目から閑古鳥が鳴く状態に陥り、苦労の連続でした。

しかし、経営のヒントはすべて現場にあるとの信念の下、「真心を込めたサービスに努めれば絶対大丈夫だ」と夫婦で互いに励まし合い、9年後の1987年には、80店舗を構えるカレーチェーンに成長しました。その後も、誰でもできることを誰にも負けずにやり抜く「信念の強さ」こそが経営者に欠かせない心構えであると、一所懸命、精魂の限りを尽くした結果、現在では全国に約1200店舗を展開するようになりました。

宗次氏は若い世代の方に対し、感謝と真心を忘れず、掲げた目標に邁進《まいしん》し続けていただきたいと切に願い、「人生は自己責任です」という言葉で締めくくっています。この言葉は、若い世代の人たちのみならず、すべての世代の方々に言えることです。

皆さんも、各々の掲げる目標に向かい、強い信念をもって取り組んでいただきたいと思います。

2023年6月下

元気第21号　和泉市のＤＸを推進

人口減少や少子高齢化が進んでも、誰もが便利で快適に暮らせる社会、Ｓｏｃｉｅｔｙ５・０を実現するため、デジタル田園都市国家構想が進められていますが、和泉市でも最重要課題としてＤＸを推進しています。

私も「ＤＸを進めよう！」という声掛けだけでなく、率先垂範して具体的な行動を起こさねばと、ＩＴパスポート試験にチャレンジしました。先ず、目標を達成するには、達成期日を定めることが大切です。私の場合、２カ月で合格するプランを立て、４月18日に、２カ月後となる６月18日実施のテストを申し込みました。申し込んだら、背水の陣を敷いて、やるしかありません。ＩＴパスポート試験に合格している職員から、おススメのテキストを紹介してもらい、勉強を開始しました。５００ページ余りある分厚いテキス

ITパスポート合格証書

トを1回さらっと読み、2回目はノートに要点をまとめました。また単語帳を作って、専門用語の暗記もしました。それと、人に教えるのが一番の勉強になるので、妻を相手にＩＴ講義をしましたが、そのうち相手をしてくれなくなったので、最終的には愛猫を相手に講義をしました。そして2カ月目には、5年分の過去問の徹底反復解答です。

決して十分と言える受験対策ではありませんでしたが、腹を据えて試験に臨みました。１２０分で１００問は、時間配分に気を配りながら解答しないと時間が足りません。ＩＴパスポート試験は、試験終了後、すぐに得点が表示されるのですが、総合評価点が6割以上で、かつ、3つの分野別評価点が3割以上で合格基準をクリアです。

有難いことに、なんとか合格基準をクリアできました。過去問を解いている時は、点数が合格ラインに達せず、試験を先に延ばそうかと諦めそうになりましたが、最後まで頑張って良かったです。

ＩＴパスポート試験にチャレンジして、ＩＴに関する基本的な知識が広がりプラスになりましたが、何よりＩＴ活用推進担当職員皆さんの頑張りが少しでも理解できるようになったことが、大きな収穫でした。

皆さん、庁内のＤＸはＩＴ担当部署だけでは進みません。役所全体のＩＴに対する理解度の向上が必要です。ＩＴリテラシーを高め、「和泉発日本」と言えるようなＤＸ施策をどんどん実現しましょう！

２０２３年7月上

元気第22号　幕末の志士に学ぶ

幕末の志士といえば、坂本龍馬や西郷隆盛などが、広く知られていますが、橋本左内はもし生きていれば、明治の時代が変わったであろうと言われるくらい偉大な人物で、わずか22歳で福井藩主・松平春嶽《しゅんがく》の側近に取り立てられ、藩政に関わっています。その後、国政にも関わるようになり、左内は、いずれ世界に国際連盟というものができ、その中心はイギリスやロシアのような力の強い国になると予測するとともに、厳しい国際社会での競争を生きていくには、開国して強国との連盟を結ばなければならないと国家戦略を示しました。

しかし開国に否定的な井伊直弼が幕府の大老に就任すると、安政の大獄が始まり、惜しまれながらも左内は満25歳の若さで斬首されたのです。

左内が表舞台で活躍したのは、わずか3年間でしたが、幕末を駆け巡った吉田松陰や西郷隆盛などから絶大なる信頼と尊敬を博していました。その橋本左内が、14歳の時に、一人前の大人になるための五つの決意を書き記したのが『啓発録』です。その五つの決意とは、次の通りです。

一、去稚心《きょちしん》
甘え心を無くす。これは五つの決意の中でも一番大事な決意で、後の四つの決意は、稚心を去らねば成り立たないとしています。

二、振気《しんき》
常に気を振い立たせる。どんなことがあっても挫《くじ》けず、立ち向かっていくように気力を奮い立たせ、怠け心が起きないようにするというものです。

三、立志《りっし》
志を立てる。何をしたいのか思い定めたら、まっすぐその方向を見据え、初心を忘れないようその心を持ち続けねばなりません。

四、勉学
学問に励む。学問には実学と徳育の二つあるが、自分の欲得のための実学ではなく、人間性を養う徳育を学ぶことが大切としています。
五、択交友《たくこうゆう》
交友を択《えら》ぶ。人間は環境に左右されやすいので、自分を堕落させる人ではなく、高めてくれる人と付き合い、互いに切磋琢磨しなければならないというものです。

わずか14歳で、このような決意を持っていたのには驚かされます。幕末という動乱の時代が、このような人物を育てたのでしょうか。

２０２３年7月下

元気第23号　元気ですか！

8月に入りました。気温35度以上の猛暑日が続く天気予報が出ていますが、皆さん、元気に過ごしていますか。今回は、「市長元気卓配便」のタイトルにもある「元気」をテーマとします。

「元気」は古くは、「減気」と書き、病気の勢いが衰え、回復に向かうことを意味したそうです。近世には「験気」となり、治療などの効果が表れることを意味するようになります。そして現在ではパワーの源を意味する「元気」という漢字で、表現されるようになりました。「元気」という言葉を聞けば、「燃える闘魂」をキャッチフレーズにプロレスラーとして、また政治家としても活躍されていたアントニオ猪木さんを思い出します。私もたまに「元気ですか！　元気があれば何でもできる」を使わせていただいていますが、この言葉を使うと、力がみなぎってくるような気がします。猪木さんがこの言葉を使いだしたのは、プロレスをしていた頃だと思われがちですが、実はスポーツ平和党から立候補した1990年頃とするのが通説のようです。では、どんな思いを込めて、この言葉を言っていたのでしょうか。猪木さんが、カリフォルニアでボランティア活動をしている時に、詠んだ詩があります。

不安だらけの人生だから
ちょっと足を止めて自然に語りかけてみる
元気ですか？
自然は何も言わないけれど
ただ優しく微笑みかえしてくれた

元気が一番
きょうもサンタモニカの一日が始まる

この詩を読むと、猪木さんが有り余る元気を発散するために、大声を上げているのではないことがわかります。逆に、不安で仕方がない自分を鼓舞するために、大声を上げることで、自分を勇気づけているのです。

最近、命に係わるほどの危険な暑さの日がありますが、こまめな水分補給など、熱中症対策をしっかり取りましょう。そして「元気ですか！　暑さに負けず、今日も、ガンバロー！１！　２！　３！　ダーッ！」くらいの勢いで、暑い夏を元気に乗り越えてまいりましょう。

２０２３年８月上

元気第24号　頑張った職員が報われる和泉市を

早いもので、市長元気卓配便の配信開始から、今回で24号、丸1年を迎えます。今年の7月からは、「広報いずみ」に「ひろみち市長のスマイル宅配便」を掲載していますので、ネタ探しが結構大変ですが、皆さんに元気を送れるよう頑張ります。なお、この24号が皆さんのお手元に届いている頃は、姉妹都市締結30周年記念で、米国ブルーミントン市を表敬訪問しています。私の留守中、和泉市を宜しくお願いします。

今回は、少し前にネットニュースやテレビで取り上げられた、和泉市の「人事給与制度」をテーマにしてみたいと思います。

私が市長に就任した当初の14年前、和泉市では、実質的なわたり制度や前時代的な特殊勤務手当があるなど、人事給与制度は旧態依然とした状況でした。それを「再生プラン」や「躍進プラン」の三本柱に位置付けている人材育成への取り組みで、改正してきました。そして現在取り組んでいる「創発プラン」で、新しい人事給与制度の条例化をめざしました。ニュースでは、「初任給全国最高額」だけが、クローズアップされていましたが、今回の取り組みでは、多面評価、組織共通目標、人事評価による勤勉手当加算拡充などの評価制度の充実や、研修制度の充実、国等への研修派遣拡大、昇任制度の見直し、年功序列を撤廃した給料表導入などの制度改正に、焦点を当てました。

特に私が、以前から何としても是正したいと考えていたのは、係長から管理職に昇格した時の給与の大幅減です。この原因は、管理職になることによってそれまで支給されていた時間外手当が、なくなるからです。責任が重くなって、同じ時間仕事をして、給与が大幅に減少するのです。今回の人事給与制度改革では、この点が大きく改正されています。
市役所の最も重要な資源は人材です。地方自治法でも規定されている「最少の経費で最大の効果を挙げる」ためには、優秀な人材が不可欠です。全国でも例を見ない人事給与制度なので、実際、運用しだしてからも想定外の問題による見直しが必要になるかもしれませんが、アジャイル（状況やニーズの変化に素早く対応すること）に走りながら手直しをして、良い制度に仕上げ、一所懸命頑張っている職員が報われる和泉市役所にします。

２０２３年８月下

元気第25号　もっとも叶えたい10のリスト

いよいよ9月、早いもので２０２３年度の上半期も、この１カ月が最終月となります。皆さんの年間業務計画は、順調に進んでいることと思います。それでは、皆さん個人の年間目標は如何でしょうか。仕事の目標は立てるが、個人の目標は立てていないという人もいるかもしれませんが、できれば個人の目標も立てて、私生活でもチャレンジャーになってほしく思います。

例えば、3000メートル級の山に登るとか、TOEICで700点以上とるとか、家の台所を改装するとか、普段から「達成できたら良いのになぁ」と思っているような、あと少し頑張れば達成できそうなことを目標にして一歩を踏み出してみましょう。自分が立てた小さな目標を達成した成功体験が、仕事上の目標や人生で大切な目標を達成する上で、必ずプラスに働くと思います。

私は、次のような「もっとも叶えたい10のリスト」を作成し、常時更新を行い、毎朝、それを唱和して、一日をスタートしています。

1、9月、早朝ランで123（イ・ズ・ミ）キロを走破する。

2、9月、10冊以上の読書をする。

3、……………………

4、ペット愛護の素晴らしいポスターを作成する。

5、……………………

6、人事給与制度の条例が議会で可決される。

7、……………………………………

8、和泉市の学テ全ての教科が大阪府平均を上回る。

9、…………………………………

10、新型コロナ感染が収束する。

最初の３つは自分の努力で達成できること、次の５～６つは自分の努力は当然ながら、周りの協力があって達成できること、最後の１～２つは、自分の努力や周りの協力だけでは達成が困難で、神頼み的要素が強い目標です。

このリストづくりを市長になってからずっと続けているのですが、不思議なことに、最初の３つを努力して達成すると、次の５～６つも徐々に達成できてきます。するとさらに不思議なことに、努力だけでは達成できないと思われる最後の１～２つの願いが叶ってくるのです。

大リーグで活躍している大谷翔平選手は、高校生の時から目標達成シート（マンダラチャート）を作成して、目標を可視化し、夢を実現してきたそうです。

皆さんも、夢実現のため、自分に合った方法でチャレンジしてみてはいかがでしょうか。

２０２３年９月上

元気第26号　人生の困難を突破できる心と体を鍛え抜け

今回は、致知8月号に掲載されていた無酸素登山家 小西浩文《こにしひろふみ》氏（61）について書きます。私も山登りをしますが、「なんちゃってアルピニスト」なので、危険な雪山や険しい岩山などには登りません。昨年は、木曽駒ヶ岳と立山連峰大汝山に登り、高山植物や雷鳥などを探しながら、大自然を満喫してきました。今年は山には登らず、上高地の清流を探索しました。

小西氏は、エベレストを筆頭に、全世界で14座ある８０００メートル峰を6座登頂しました。無酸素での登頂は、日本人最多記録になります。８０００メートルを超える山々は、「デスゾーン（死の世界）」と称され、気圧が低いため、吸収できる酸素量は平地の約３分の１しかなく、一般の成人なら２～３分で気を失うそうです。

小西氏は、そのような過酷な環境に耐えうる身体と精神をつくるため、毎日20キロのランニングや独自の訓練、またヨガや瞑想にも取り組まれました。しかし、そのような努力にもかかわらず、１９９０年28歳の時に甲状腺がんが見つかり手術を受けました。その後、リンパに転移していると判明し、31歳までに３回の手術を受け、入退院を繰り返しました。

２０１８年にも咽頭部に新たながんが見つかり、首を半分ほど切開するような大きな手術も受けています。

そのようにがんとの闘いを繰り返しながら、結果的に６０００メートル峰以上に70回近く挑戦しました。その過程では死と紙一重の危機を数十回経験し、共に山に登った仲間のうち、登山中に命を落とした人は総勢64人になるそうです。

小西氏は、人生に困難はつき物だが、その困難を正面から突破するには、若い間に心と体を鍛え上げる他なく、自分の可能性を信じ、夢や目標に全力で挑み続けていただきたいと言っています。また、死と隣り合わせの中で運を切り拓いていくには、普段から人にいいことをするしかないとヨガの行者から教示され、こうした教えがあったからこそ今も自分の命を紡いでいると言われています。

私たちは、このような極限でのチャレンジには縁がないかもしれませんが、人にいいことをすることや自分の可能性を信じるということは、夢や目標を実現する上で、同じように大切なことだと思います。

２０２３年９月下

元気第27号　ゆっくりのんびり

今年も、あと3カ月となりました。皆さんは、この1年でやりたかったことなど、順調に進んでいるでしょうか。これからが正念場だという人もいると思いますが、今回はちょっと気分を変えるため、谷川俊太郎さんの詩を紹介します。

谷川さんは1931年生まれの91歳。現在も、杉並区で暮らし、活躍されているそうです。2010年、和泉シティプラザでも講演がありましたが、残念ながら他の公務と重なってしまい、講演を聞く機会を逃しました。谷川さんは少年時代、大の学校嫌いで不登校少年でしたが、哲学者だったお父さんが谷川さんの詩人としての才能を発見したことで、文壇で活躍されるようになります。その谷川さんの詩で、私の大好きな「ゆっくりゆきちゃん」です。

ゆっくりゆきちゃん　ゆっくりおきて
ゆっくりがおを　ゆっくりあらい
ゆっくりぱんを　ゆっくりたべて

ゆっくりぐつを　ゆっくりはいた
ゆっくりみちを　ゆっくりあるき
ゆっくりけしきを　ゆっくりながめ
ゆっくりがっこうの　もんまできたら
もうがっこうは　おわってた

ゆっくりゆうやけ　ゆっくりくれる
ゆっくりゆきちゃん　ゆっくりあわて
ゆっくりうちへ　かえってみたら
むすめがさんにん　うまれてた

なんか良いでしょう？　私は、せかせかした時に、この詩を口ずさんで、気分転換をします。大らかな感じのする詩なのですが、実は「光陰矢の如し」というか、時が一瞬で過ぎていく様を最後の1行「娘が3人生まれてた」で表しています。このコントラストが良いので

す。どんどん膨らんでいく宇宙に存在するちっぽけな球体の上で、人類が寝起きしていると
いう谷川さんの宇宙観が伝わってきます。
人生って大変なんですが、宇宙から見たら一瞬の出来事です。それでも大局観を持って、
何事にも対処していく必要があります。人生という自分の一瞬の時を、どう輝かせるか。肩
の力を抜き、腹の底に力を込めて、たまには、ゆっくりのんびりしながら、確かな一歩を進
めてまいりましょう。

2023年10月上

元気第28号　和泉商工会議所会頭登場

これまでの市長元気卓配便で何度か人間学を学ぶ月刊誌「致知」の記事を取り上げました
が、この「致知」等を活用し、庁内の有志で勉強会（和泉市役所木鶏クラブ）を毎月1回開
催しています。
9月に開催した木鶏クラブでは、山本産業社長であり、和泉商工会議所会頭の山本恭弘《やまもとやすひろ》様
と、ご子息の山本産業経営企画室長の山本修也《やまもとしゅうや》様を講師としてお招きしました。

山本会頭を交えての木鶏クラブ

講演では、会頭からは「これまでの山本産業」について、そして、室長からは「これからの山本産業」について、貴重なお話をお聞かせいただきました。

山本産業では、職場改善のための「明るい職場運動」を25年間続けられておられ、今でも年間７００件以上の職員提案があります。創業１９２１年で、今年で１０２年を迎える老舗企業ですが、改革マインドは旺盛です。社長と室長とのぶつかり合いも絶えないそうですが、お互いに尊重しながら、時代をつなぐ大切な役割を果たされています。

山本産業は、ハード（設備）×ソフト（人）でモノを創出し、ソフト（人）×

対応力でサービスを創出しておられ、人材が最も重要な資源とのことでした。山本産業での人材育成は、ヘッドハンティング型ではなく、自社でじっくり育てるポテンシャル育成型です。

生産年齢人口が減少し、人材不足が深刻化している中で、企業と行政が連携して人材を獲得し、育成する仕組みが話題に上るなど、「和泉発日本」の新しい取り組みに向け、夢が膨らみました。

木鶏クラブでは、このように違うステージで活躍されている方々をお招きし、和泉市に新鮮な風を送ろうとしています。皆さんもオブザーバーとして、気軽に参加していただければと思います。

２０２３年10月下

元気第29号　明治の日

明後日11月３日は、ご存じの通り国民の祝日「文化の日」です。和泉市でも多くの団体が文化に関連する事業を行っておられ、皆さんも主催者、または参加者として関わっていることと思います。そもそも11月３日は、明治天皇御生誕の佳節であり１８７３年に「天長節」

として祝日に定められた後、１９２７年に「明治節」とされました。

しかしながら、戦後に制定された「国民の祝日に関する法律」により、「明治節」は「文化の日」と改称され、現在に至っております。明治は、江戸幕府の大政奉還を経て、大きな時代のうねりの中で近代国家として、わが国の礎を築き上げてきた時代です。人々は新たな時代を切り拓くため、努力に努力を重ね、海外から得た知識をわが国の伝統と融合させながら、新たな技術や文化を生み出してきました。

今や先進国の一員として得た、世界での確固たる地位は、明治の人々の情熱と血のにじむ努力により、その礎が築き上げられたといっても過言ではありません。

現在、国会議員の有志で構成された団体において、「自由と平和を愛し、文化をすすめる」ことを目的とする「文化の日」の意義を大切にしながら、明治時代を振り返り、わが国のさらなる発展に思いを馳せる日とするため、11月３日を本来の由緒に基づく「明治の日」にしようという動きがあります。私も色々なつながりの中で、「明治の日をつくる首長の会」の会長に推挙されました。

11月３日が文化をクローズアップした「文化の日」で、かつ明治の人々の気概をクローズアップした「明治の日」となればいいと思います。

２０２３年11月上

元気第30号　園遊会

11月2日、東京赤坂御苑で開催された園遊会に招待を受け、夫婦揃って参列してきました。今回の園遊会は、新型コロナウイルス感染防止に配慮され、招待者数は従来より少なめの1027名でした。

園遊会とは、天皇陛下をはじめとする皇族の方々、内閣総理大臣など三権各機関の要人、各国の大使、知事、芸能人、オリンピック・パラリンピックのメダリスト、ノーベル賞受賞者など、その年に活躍した「時のひと」が出席する、まさに日本一のセレブリティパーティーで、私とは無縁のものと思っていましたので、招待されてびっくりしました。

地方自治体の長が招待される基準は、明確に決まっていないようですが、私は内閣府の障害者政策委員会委員を市町村を代表して6年あまり、全国市長会行政委員会委員長を3年、また全国基地協議会副会長（自衛隊等が所在する自治体の全国組織）として2018年から現在も務めさせていただいており、それが評価されたのかもしれません。いずれにしても、一生の思い出となる経験でした。

園遊会にて

今回は、松任谷由実さん、加藤一二三さん、西川きよしさん等、著名な方が招待されており、その付近はマスコミが待機して賑わっていましたが、私は遠慮して少し離れたところで天皇陛下をお待ちしていました。

園遊会では、こちらから皇族の方に話しかけてはいけませんので、お声掛けいただけるよう心の中で念じるのみです。そしたらなんと、天皇陛下が私の前でお立ち止まりくださり、「久保惣記念美術館がありますね」とお声掛けくださいました。頭の中が真っ白になりかけましたが、辛うじて「東洋美術や浮世絵、印象派の洋画も充実しておりますので、是非お立ち寄りくださいますようお願いいたします」とお応えいたしました。今上天皇は、皇太子の頃に久保惣記念美術館をご訪問されたことを覚えられていたのです。

大阪・関西万博の開催期間中には、大阪に行幸されるでしょうから、その時期に焦点を合わせて、一度来ていただいた久保惣記念美術館に、今度は天皇陛下としてご訪問いただけるよう、宮内庁等に働きかけていこうと思っています。

和泉市役所一丸となって、天皇陛下をお迎えできるよう久保惣記念美術館にさらに磨きをかけ、市民に愛され、多くの人に夢と希望を届けられるような美術館にしてまいりましょう。

２０２３年11月下

元気第31号　「原因」と「結果」の法則

今回は、私が人生で最も影響を受けた本『「原因」と「結果」の法則』を紹介します。

同書は、英国が生んだ謎の哲学者、ジェームズ・アレンによって、１世紀以上前の１９０２年に書かれたものですが、世界中で今なお着実に売れ続けているという驚異的なロングセラーです。正確な数字はわかりませんが、世界の歴史上最も多くの読者を獲得してきた自己啓発書だと言っても過言ではないでしょう。聖書に次ぐベストセラーだとさえ言われています。ジェームズ・アレンは生涯で19冊の本を書いていますが、同書は彼の代名詞ともいうべきもので、文字通り彼の代表作です。

同書はまた、のちの欧米の自己啓発書作家たちに強い影響を及ぼし、彼らの本を通じても、無数の人々を勇気づけてきました。現代成功哲学の祖として知られているナポレオン・ヒルやデール・カーネギー、アール・ナイチンゲールらを筆頭に、ノーマン・ヴィンセント・ピールやオグ・マンディーノなど、自己啓発文学に興味を持つ人であれば誰でもが知るそうそうたる作家たちが、彼らの成功理論を補強する目的で、こぞって本書の内容を引用しているのです。「近年の自己啓発書のほとんどは、アレンのシンプルな哲学に具体的な事例をあれこれとくっつけて、具現化したものに過ぎない」と指摘する人たちさえいます。

アレンがどのようにして執筆活動をしたのかが、また興味深いのです。アレンは、瞑想をしてその時浮かんでくる内容を文章にしたとのことです。私は、偉大な存在がアレンを通じて、教えを啓示していたのではないかと、ちょっと神がかったことを思っています。そして、今でも同書を時々読み返して、新たな気づきや学びを得ています。

今年度の市政運営方針の「結びに」で、紹介した京セラの創業者、故稲盛和夫氏は、「成功の秘訣から人の生き方まで、すべての原理がここにある」と同書を紹介しています。

２０２３年12月上

元気第32号　誰もが幸せになれる法則

今年も、余すところ半月となりました。皆さんにとって、どんな一年だったでしょうか。最高の一年だったと思っている人、少し物足りない一年だったと思っている人、様々でしょう。

しかしまだ一年は終わっていません。皆平等に、あと半月あります。市長元気卓配便を読んでいる皆さんに、こっそり「誰もが幸せになれる方法」をお教えします。残された半月で実践していただき、輝かしい新年をお迎えください。

その方法とは、毎日の歯磨きのように、脳を鍛える脳磨きです。脳が最も活性化するのは、脳内のネットワークがスムーズに働いている時で、それは幸せを感じている時の脳の状態だそうです。ところが脳は、普段、幸せな状態の１００分の１以下程度しか活性化していません。脳が最大限に活性化し、幸せを感じている状態にしていくためにはトレーニングが必要なのです。

スポーツなどでは、フロー状態に入ると驚異的な力を発揮すると言われます。近年、そこに入るスイッチが、脳幹や島皮質《とうひしつ》にあることが明らかになりました。しかし、脳幹や島皮質は無意識領域にあるため、意図してスイッチを入れることができません。ところが、普段からの脳磨きで、無意識領域を整えていくことによって、フロー状態に入る確率を高めることができるのです。

では具体的にどのようなことをすればいいのか紹介します。

1、感謝の気持ちを持つ

当たり前で些細と思えることにも感謝の気持ちを持つ

2、前向きになる

① 過去の経験で気持ちが前向きになった時のことを思い出す
② ポジティブな言葉がけをする
③ 笑顔になる
④ 自分から元気に挨拶する

⑤　小さくても、できたことに目を向ける
⑥　⑤によってやる気を高める
3、仲間と心を一つにする
4、利他の心を持つ
5、マインドフルネスを実践する

人の行動の90％以上が習慣で決まることが、科学的に明らかになっています。これからの半月、脳磨きを習慣化して輝かしい新年をお迎えください。

２０２３年12月下

元気第33号　新年あけましておめでとうございます

皆様におかれましては、令和6年の輝かしい新春をお迎えになったことと、心よりお喜び申し上げます。

そんな晴れやかなお正月、皆様もご存じのように能登半島で地震が発生し、70名以上の方が亡くなり、今も多くの方が避難生活を余儀なくされています。お亡くなりになった方のご冥福をお祈り申し上げますとともに、被害にあわれた皆様に心からお見舞い申し上げます。一日も早い復興のため、本市としましてもできるだけの支援を行いたいと考えております。皆様におかれましても、こうした災害は決して他人事と捉えず、災害はいつでも襲ってくるとの気構えを忘れずに職務に取り組んでいただきたいと思います。

さて、今年の干支は、甲辰《きのえたつ》です。甲は十干の一番目であり、優勢であることを示すほか、まっすぐに堂々とそそり立つ大木を表しています。辰は十二支の中で唯一の架空の生き物、龍を意味します。水や海の神としてまつられてきた龍は、大自然の象徴であり、龍が現れるとめでたいことが起こると伝えられてきました。この二つの組み合わせである甲辰には、成功という芽が成長して、姿を整えていくという縁起の良さを示唆しています。

株式相場でも、昔から「卯《う》跳ねて、辰巳《たつみ》天井」という諺があり、卯辰巳の3年間は、黄金の3年といわれています。実際、１９４９年の東証再開以来の73年間で6回めぐってきましたが、日経平均の平均上昇率はそれぞれ卯年が16・４％、辰年が28・０％、巳年が13・４％となっています。

昨年の市政運営方針の結びに、京セラの創始者、故稲盛和夫氏が生涯を通じて使った言葉

「ど真剣」を引用して、「令和5年度においては、『和泉発日本』を合言葉に、どのような困難や障害が目の前に現れようとも、職員とともに、和泉市の未来を切り拓くため『ど真剣』に取り組んでまいります」と宣言しました。今、昨年を振り返って、本当にそのような気合の入った一年であったのかと自問しています。

確かに、庁舎はグランドオープンを迎えることができましたし、念願の「人事給与制度」の条例化も実現しました。しかし、まだ道半ばです。施設が美しくなり、制度が整っても、その中で働く人が輝かなければ、本当の目標が達成されたわけではありません。

新庁舎のグランドオープンからスタートした卯辰巳の3年を、和泉市役所にとっても燦々《さんさん》と輝く黄金の3年とするため、この甲辰年を最高の一年といえるよう、確かな歩みを進めてまいりましょう！

2024年1月上

元気第34号　信太山クロスカントリーにチャレンジ！

昨日、恒例の信太山クロスカントリー大会が開催されました。今回で71回目を迎えましたが、市役所から森吉副市長をはじめ、多くの職員さんがエントリーしてくれました。私は昨年、３キロコースを走りましたが、今年は10キロコースにチャレンジし、多くのご声援に支えられ、何とか制限時間内の１時間５分55秒で完走できました。

昨年２月の心臓弁膜症手術を経て、５月頃からジョギングを再開しましたが、手術前ほど走るペースが上がりませんでした。練習コースのフラットな川沿いの道でも、10キロを70分以内で走れなかったので、アップダウンのある信太山丘陵では、時間内の完走はきついと思ってました。それに加えて、大会10日前の走り込みが原因で、前十字靱帯を損傷してしまいました。この状態での参加は無理と判断し、クロスカントリーの担当部長にエントリーの取り消しを伝えました。

ゴールをめざす筆者

ところがその後、致知12月号に載っていた女子プロボクサー葉月さなさんの記事を思い出したのです。葉月さんは、児童養護施設に預けられ、17歳でシングルマザーとなります。運動経験もなかったのに、29歳で息子に付き合って一緒にボクシングをはじめ、30歳でプロデビューを果たし、7年の苦闘を経てＷＢＣ世界チャンピオンになったのです。

葉月さんは、試合に対して常に挑戦する気持ちを失わないように心掛け、どんな不利なオファーも絶対に断りません。また上手いボクシングではなく、どんな相手にも立ち向かい、挑み続けるボクシングをします。その姿勢があったからこそ、世界チャンピオンになれたのだと思います。

そこで、私も最初から諦めるのではなく、「とりあえずチャレンジしてみよう」と思い直しました。走るのがつらくなったら、無理せずやめればいいだけのことです。信太山の大自然を満喫し、肩の力を抜いて走ることを楽しもうと気持ちを切り替えました。どんなこともクロスカントリーと同じかもしれません。目標を設定して、それに向けて努力することは大切ですが、しんどくなったら立ち止まったり歩いたりしても良いでしょうし、無理だと思ったらリタイアもありです。

来月は、大阪マラソンにチャレンジしますが、自分の健康状態と向き合いながら、先ずは完走をめざして練習に励みたいと思います。今年は登り龍の辰年ですが、登ることばかりに意識を向けず、肩の力を抜いて気楽にエンジョイ和泉で行きましょう。

2024年1月下

元気第35号　和泉フィロソフィー

皆さんは「内憂外患《ないゆうがいかん》」という言葉をご存じでしょうか。「内憂」は国内問題、「外患」は国外問題で、現在では国だけでなく組織についても使われたりします。

歴史上では幕末がその時代にあたります。幕末の1830年代に発生した天保の飢饉は「7年飢饉」と呼ばれ、全国各地で大凶作が発生し、多くの餓死者を出しました。大阪でもその影響で餓死者が相次ぎましたが、そんな危機にもかかわらず、商人たちは米の買い占めを行い、値段を意図的につり上げて膨大な利益を上げたのです。しかもその時の大坂町奉行は、適切な対策をしないばかりか、市中の惨状を無視して、幕府に儀式用の米を大量に送っていたのです。

この惨状を見て立ち上がったのが、元与力の大塩平八郎でした。乱自体は、わずか半日で鎮圧されましたが、幕府による支配体制の緩みを全国に示すこととなりました。これが正に「内憂」です。

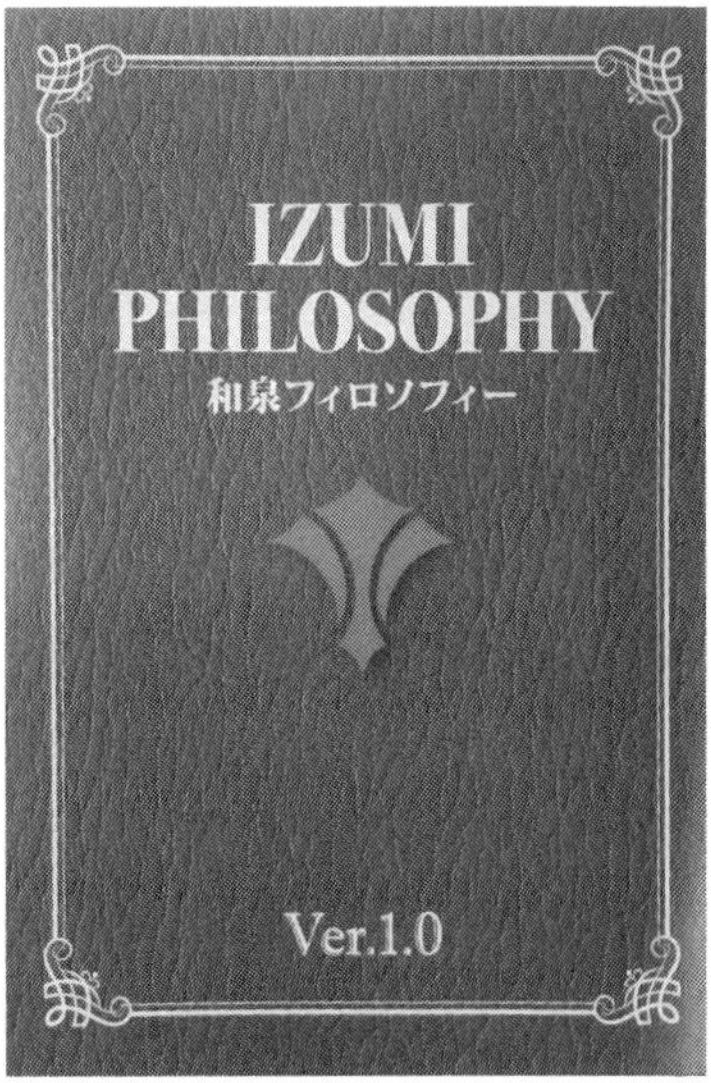

和泉フィロソフィー

「外患」は、言わずと知れた黒船に代表される欧米諸国の圧力です。１８４０年に勃発したアヘン戦争で清がイギリスに敗北したという報告を受け、幕府は対外政策を大きく変更せざるを得なくなり、明治時代を迎えることとなります。

今の日本は、まさに内憂外患の時代ではないでしょうか。内憂としては、政党のパーティー収入に代表される政治資金の問題、経済界でも日本を代表する自動車メーカーの認証不正事件、それに加えて能登半島地震の発生です。外患では、ウクライナ侵攻、北朝鮮のミサイル、中国の領海侵入などです。

私が市長元気卓配便31号で皆さんに紹介したジェームズ・アレンの『「原因」と「結果」の法則』を、令和6年度の市政運営方針でも引用しました。それは「私たちの人生の現実は、私たちの心の映し出し」ということです。もしそうならば、心を元気に、朗らかに、豊かにすれば、自分の置かれている環境もそうなるはずです。今日、皆さんに「和泉フィロソフィー」をお配りしました。この小冊子の中には、そんな心になるためのエッセンスが、たくさん詰まっています。すべてを毎日読むのは、負担かもしれませんが、是非、緑色で書かれた部分だけでも毎日、唱和してみてください。

自分の置かれている環境を改善するには、一人ひとりが和泉フィロソフィーの心を持つことが大切です。ちょっと大げさかもしれませんが、今の日本の内憂外患を払拭するため、「和泉発日本」の気概で、令和5年度末をしっかり引き締めてまいりましょう。

２０２４年2月上

元気第36号　伝説の東大講義

先日、魂が奮い立つような面白い本を読みました。その本の名前は、『２０２０年6月30日にまたここで会おう』、著者は瀧本哲史氏です。瀧本氏は、麻布高校、東大法学部を卒業後、大学院をスキップして、直ちに助手に採用されたのですが、自分の生き方を追求するという観点からマッキンゼーに転職します。その後3年で独立してエンジェル投資家として、日本交通の経営再建などに取り組み、２００７年、35歳で京都大学の准教授となります。

京大での講義「起業論」は、数百人の京大生と壇上でバトルのように意見を戦わせ、立ち見が出るほどの活気が大教室を覆っていたそうです。そして2012年に、母校の東大に招かれ、伊藤謝恩ホールで開かれた講義を綴ったのが『2020年……』です。しかし瀧本氏は、2020年のその日を迎えることなく、病気のため、2019年に急逝されました。

講義の内容は、第一檄「人のふりした猿にはなるな」、第二檄「最重要の学問は『言葉』である」、第三檄「世界を変える『学派』をつくれ」、第四檄「交渉は『情報戦』」、第五檄「人生は『3勝97敗』のゲームだ」、第六檄「よき航海をゆけ」という構成になりますが、話し言葉で書かれているので、とても臨場感があり、エキサイティングな内容となっています。

この講義に参加したのは、全国から集まった10代・20代の若者300人です。瀧本氏は、10代・20代で基礎を身に付けて、30代では周りの人が成功するように行動していきなさいと檄を飛ばします。何故ならば、周りの人を成功させることが、未来を変える一番の成功法則だからです。これを読んで、自分は遥かにその世代を超えていると思っているかもしれませんが、64歳の私が魂を振るわせているのですから大丈夫です。

2024年2月下

元気第37号　大阪マラソン２０２４、完走しました！

雨で、滅茶苦茶寒かったですが、多くのボランティアや沿道の皆さんの声援に励まされ、なんとか制限時間内にゴールできました。来年は、いよいよ大阪・関西万博！　大阪を盛り上げるため、皆さんも、来年の大阪マラソンにチャレンジしてみてはどうですか。42・195キロ、そんなの無理と思われるかもしれませんが、昨年2月に心臓手術をした64歳の私が、完走できたのですから大丈夫！　それでは「マラソン完走への道」を紹介します。

実をいうと、手術をしてまだ全快とは言えない状態で、日頃のトレーニングもあまりペースが上がらず、レース前の走り込みも不十分でした。

天気予報では、レース当日は雨、予想気温も低かったので、出場をやめようかと思ったのですが、やる前に諦めるという選択肢はありません。ただ、とても完走できるとは思えなかったので、ここは発想を切り替え、「完走すること禁止」としました。そしたら「走れるだけでも感謝」とか、「御堂筋のど真ん中を走れる」とか、楽しくなることが浮かんできて、急に気持ちが楽になりました。

当日は、10キロまで走って、あとは歩いたり走ったりしながら、関門の制限時間をクリアできなかったら、そこでリタイアと決めていました。実際、10キロ走ってからは、しんどくなったら歩いていたのですが、割と余裕で関門をクリアできて、気が付けば30キロ地点でした。

そこまでリタイアのタイミングばかり考えながら走っていたのですが、折り返しのコースですれ違う、私よりもずっと後ろを走っている人たちが、ゴールをめざして走り続けている。そんな姿を見て、「前を走っている自分がゴールをめざさないでどうするの？」と思わされました。それからは、あと10キロしか走れない、あと5キロしか走れないという気持ちになり、気が付けば完走していました。

今回でフルマラソン完走は10回、そのうち大阪マラソンは2回目ですが、こんな風に完走できたのは、初めてです。今までは山登り型で、ゴールをめざして額に汗して頑張っていた感じですが、今回は川下りをしているような感じで、流れに身を任せていたら、ゴールに着いてしまったという感じです。

人生も、肩の力を抜いて、自然体で周りとの調和を大切にしていたら、夢が実現できてしまったなんていうのが、良いかもしれませんね。

2024年3月上

元気第38号　うれしいことボックス

皆さん、「うれしいことボックス」って、知ってますか？

私も最近知ったのですが、うれしかったことや褒められたことをメモに書き留めて、それを折りたたんで入れる箱です。たとえば「友達と行った旅行が、とても楽しかった」「ゴジラ－1・0を観て感動した」「上司に美味しい焼肉をご馳走してもらった」など、日付とともにうれしかった出来事を、メモにして溜めていきます。そして、つらいことや嫌なことがあったとき、そのボックスから一つメモを取り出して読むと、自分でも忘れていた楽しい記憶がよみがえり、気分が不思議と晴れてきたりするそうです。

発想を逆にして、「うれしくさせることボックス」もありかなと思います。自分の周りの人がうれしくなるようなことを、言葉のプレゼントとして積極的に伝え、それをメモしてボックスに溜めていきます。こちらのボックスは、溜まれば溜まるほど、家庭や職場環境が良い雰囲気になります。「今日の晩御飯、めっちゃ美味しかった」「笑顔が、素晴らしい」「努力家やね」などと言われたら、誰でもうれしいものです。

私が毎月参加している木鶏クラブという庁内の勉強会では、美点凝視を行います。それは、読後感（本を読んだ後の感想）などの発表で、発表者の良い所を探して、意見交換のとき褒めるのです。褒められて悪い気がする人はいませんし、ひょっとしたらその人が気付いていない良いところを、発見できるかもしれません。

今度の部長会で、うれしいことボックスの作成を提案してみます。是非、皆さん、うれしいことボックスを作って、自分の機嫌を取れる人になってください。

２０２４年３月下

元気第39号　１週間は金曜日から始まる

さあ、今日から令和６年度が始まりました。昨年度の「いい思い出だけ」を胸に刻んで、新たなスタートを切りましょう！

年度初め、ちょっと面白い本を紹介します。それは『１週間は金曜日から始めなさい』です。まあ、普通、金曜日は１週間の終わりで、働き方改革が提唱され始めた７年前はプレミアムフライデイなんて言って、飲み会なんかも奨励されていました。それを逆に１週間を金曜日から始めるって、どういう発想の転換でしょうか？

１週間で「何日働けるか」と考えると、普通、月曜日から金曜日までの５日間となりますが、１週間を月曜日から水曜日の３日間とするとどうでしょう。１週間の仕事を、この３日間で終わらせなくてはなりません。とても慌ただしい感じがしますが、一度チャレンジしてみてください。計画的に仕事をやれば、できないことはないはずです。

次は、木曜日の使い方です。木曜日は、月曜から水曜までにやった仕事の進捗《しんちょく》状況や仕事の精度をチェックします。スピードを重視して、雑になったり、見落とした点があれば、そこを改めます。言わば、仕上げの日です。著者は、月曜から木曜までを「防御の日」と表現していました。

そして金曜日、そう金曜日は「攻撃の日」です。翌週の仕事に備え、資料を準備したり、アポイントなどを入れてスケジュールを立てます。このような方法によって休みの前から、次の週の「やることがハッキリ、用意もバッチリ」となり、仕事を手元でハンドリングできるようになるそうです。

また週末は、仕事のことは忘れて、すでにインプットされた仕事のイメージを無意識の領域で熟成させて、腹に落とし込むのです。こうすることで、仕事に追われるのではなく、自分が1週間の舵を握っていると実感できます。一度チャレンジしてみてはどうでしょうか。

２０２４年４月上

元気第40号　外国人生活者とのコミュニケーション

今年の2月から、朝と昼に行っている庁内放送で、日本語での放送の後、英語でも同じ内容のアナウンスを行っています。新庁舎をグランドオープンして約1年経ってからの実施なので、もう少し早く気が付けば良かったと反省しています。しかし思い立ったら、その日が吉日ということでご容赦ください。

今年の1月1日に能登半島地震が発生した時、長野県ＪＲ松本駅の外国人対応で、大変参考になることがインターネットで発信されていました。大地震で駅構内が混乱する中、駅員さんが地震による電車の遅延についての情報をホワイトボードに書きました。すると一般の人と思われる男性が、横に並んでいるホワイトボードに、英語でそれを訳して書いたのです。

そしてその男性は「中国語で書ける人はいませんか」と周りの人に呼びかけ、そこでまた一人の女性が名乗り出て、中国語の翻訳を書き出したそうです。

東日本大震災の時、多くの外国人の方々が状況を把握できず、中には混乱して泣き叫んでいる人がいたという経験が、ここで活かされたようです。

和泉市役所の職員さんは、「みんながフロアマネージャー」の意識を持っているので、庁内案内板を見ている人や迷っていそうな人に、積極的に声掛けしていると思います。最近、外国人生活者が増えて、和泉市役所でもよく見かけるようになりました。皆さん、是非、積極的に声掛けしてみてください。"May I help you?" と一声掛けて、後の言葉はわからなくても、手振り身振りや庁内案内図を利用して案内してみてはどうでしょうか。

普段通り役所で勤務しながら、外国人とのコミュニケーションの機会を持てるのですから、こんなお得なことはありません。またそのような積極的な行動が、和泉市役所の評価をさらに引き上げてくれると思います。

２０２４年４月下

元気第41号　何事にも動じない木鶏

ゴールデンウィークも前半が過ぎました。皆さん、前半の3日間、どのように過ごされたでしょうか。どこに行っても混んでいるし、動くのも面倒だしと、テレビを見てゴロゴロしていないでしょうか。もしそうだとしても、まだ後半の4日間があります。是非、今までとは違う過ごし方にチャレンジしてみてください。

話は変わりますが、先日、私の人生目標の一つを実現しました。それは人間学を学ぶ勉強会「和泉木鶏クラブ」の設立です。今までも職員による庁内木鶏クラブはありましたが、一般の人が加入できる木鶏クラブは初めてです。まだテスト試行ですが、スタートを切ることができ感慨無量の思いです。ところでこの木鶏って、何かご存じでしょうか。中国の故事にある鶏のことです。

ある男が、闘鶏の好きな王のために軍鶏《しゃも》を養って調教訓練していました。10日ほど経った頃、王が「もうよいか」と聞きました。ところが、男は「いや、未だ未だいけません。空威張りして〝俺が〟というところがあります」と答えました。

さらに10日ほど経って、また王は聞きました。「未だだめです。相手の姿を見たり声を聞いたりすると興奮するところがあります」

また10日経って、聞きました。「未だいけません。相手を見ると睨みつけて、圧倒しようとするところがあります」

こうしてさらに10日経って、また聞きました。そうすると初めて「もう大丈夫でしょう。他の鶏の声がしても、少しも平生と変わるところがありません。その姿はまるで木彫りの鶏のようです。全く徳が充実し、どんな鶏を連れてきても、この姿を見ただけで逃げてしまうでしょう」と言いました。

人生の経験を重ね学びを深めていくと、心が鍛えられ小さなことに動じなくなっていくものです。木鶏の境地に至るのは難しいかもしれませんが、少しでも近づけるようになりたいものです。その学びをするのが和泉木鶏クラブです。

興味のある方は、いつでもオブザーバー参加できます。一歩を踏み出して、二度とない人生で、木鶏をめざしてみましょう！

２０２４年５月上

元気第42号　山登りではなく川下りの生き方

　3月初めの市長元気卓配便に、川下りをしているようにマラソンを完走できたと書きました。今回は「川下り方式」の生き方について紹介します。この考え方を提唱されているのは、京都大学理事の野崎治子さんです。

　野崎さんは、“To Do”ではなく“To Be”をめざす哲学を持つことを薦め、コスパだとかタイパ（タンパとも言いますが、時間対効果のことです）を重視するのではなく、ありたい状態を大切にすべきと言っています。

　私たちの仕事では、費用対効果やＫＰＩが重視され、見える化などが求められます。しかしそれだけでは、測れないこともあります。一見無駄に思えるようなことでも、将来、その時のことを振り返ってみると、これがあったから今があるというような貴重な経験があるものです。

　近年、若い職員さんの離職率が、高くなってきています。これは和泉市役所だけの傾向ではなく、他の自治体や民間企業でも同じです。転職している内に、自分の天職に巡り合う人もいるでしょうが、自分に合わないからと直ぐ判断して離職していては、同じことの繰り返しとなってしまうことが危惧されます。

キャリアという言葉は、馬車の轍《わだち》が語源だそうです。キャリアは自分の後ろについてくるものですから、事前にどうあるべきかと考えすぎない方が良いのです。急流を筏《いかだ》に乗って下り、座礁しないよう舵取りしていたら、知らないうちに力がついてくるものです。

努力しても必ず報われるとは限りませんが、努力していれば必ず成長します。成長したら、今までと違う形で夢が実現します。和泉フィロソフィーの「はじめに」のページに「心が変われば……」があります。これは、アメリカの哲学者ウィリアム・ジェームズの言葉です。心を変えるのは容易ではありませんが、先ず、和泉フィロソフィーを唱和して、変わった振りをしてみてはどうでしょうか。

２０２４年５月下

元気第43号　人間の意識と量子力学

先日、ある会合で、「堺市の知人から、和泉市、最近、良くなってきたと言われた」とお褒めいただきました。またその横にいた方からも「岸和田市の友人も、和泉市のこと羨ましがってたよ」と仰っていただきました。

窓口で、笑顔で愛想良く話しかけてくれる、カウンターから出てきて、寄り添って説明してくれる、等々、特に市役所職員の対応が良くなってきたとお褒めいただいたので、本当にうれしかったです。

「喜べば、喜びたちが喜んで、喜びを連れて、喜びに来る」という言葉があります。逆に「悲しめば、悲しみたちが悲しんで、悲しみを連れて、悲しみに来る」ということです。つまり周りで起こることは、自分の心の映し出しなのです。そうであるならば、そうして市民の皆様からお褒めいただくのも、職員の皆さんが、喜んで仕事をしているから、喜びたちがやってきているのではないでしょうか。

最近、そのことを量子力学的に立証している記事を読みました。私たちの体は、細胞が集まって作られています。その細胞は、分子が集まって作られています。分子は原子が集まって作られ、さらに原子は素粒子から作られています。素粒子と聞くと粒のようなイメージを描くのですが、実際は粒と波動の中間の非常に不確かな存在だそうです。

現在、素粒子は、17種類あることがわかっていて、その中でも「フォトン」という素粒子が、私たちの意識や感情を作っているとされています。つまり私たちは普段から、フォトンに意識や感情を載せて発信しているのです。「幸せだ」と思えば、「幸せだ」という周波数を帯びたフォトンの波が、「悔しい」という思いを抱けば、「悔しい」という周波数を帯びたフォトンの波が発信されます。そしてそれぞれのフォトンは、同じような周波数同士で反応、共鳴し合う性質を持っているので、同じ意識や感情を持った仲間や出来事を呼び寄せるのだそうです。

ちょっと難解な理論のようですが、その通りに解釈すると、私が市民の方々からお褒めいただいたのは、「市民第一」「郷土愛」「素直」「感謝」などポジティブな思いが、職場にあふれているからではないかと思います。これからもポジティブな思いを胸に抱き、会話の中にも織り込んで、もっと素晴らしい職場の風土を作り上げましょう。

２０２４年６月上

元気第44号　ゴールデンサークル理論

皆さんは、仕事やサークル活動などで、プレゼンをする機会がありますか。人前で自己表現することは、自分自身のステップアップのため、また人生を楽しむためにも、意義あることです。

ということで、今回は、プレゼンで人の心をつかむ方法を紹介します。それは、「ゴールデンサークル理論（以下、ＧＣ理論）」です。ＧＣ理論は、２０１０年にサイモン・シネックスにより提唱された理論で、YouTubeで１７００万回以上再生され、48か国語で字幕がつくほどワールドワイドな理論です。

従来の伝え方は、「WHAT（何が）」「HOW（どうやって）」の順で、対象の数値的な特性や魅力を伝え、「なぜ」という部分は省かれがちです。

ところがＧＣ理論では、「WHY（なぜ）→HOW（どうやって）→WHAT（何が）」の順番で説明します。

例えば、スマートフォンを例にとると、従来の説明では、

「当社が開発した高機能のスマートフォンは、高速回線と高発色の大画面、高画素数のカメラを搭載したことで、美しい写真を２００％シェアできるようになりました。どこでも家族や友達と写真をシェアできます」

これがＧＣ理論を用いると、

「当社の企業理念は、『家族や友達とどこでもつなぎあえる』です。この理念のもとに、どこでも家族や友達と写真をシェアできるスマートフォンを開発しました。高速回線と高発色の大画面、高画素数のカメラを搭載したことで、美しい写真を２００％早くシェアできるようになりました」

先ず「WHY」で感情を刺激し、次に「HOW」「WHAT」で具体的な情報を伝えると、脳全体が意思決定しやすくなると言われています。

「WHY」にあたる部分が、組織のミッション・ビジョン・価値基準で、「HOW」にあたる部分が、組織の強みです。「WHAT」が、商品にあたりますが、市役所だったら市民サービスでしょうか。

YouTubeで配信されているサイモン・シネックスのGC理論のプレゼンやスティーブ・ジョブズのiPhone発表のプレゼンが、参考になるかもしれません。部内会議や出前講座などでプレゼンを行う際、GC理論を使うと、新しい自分の発見があるかもしれません。

２０２４年７月上

元気第45号　目標管理ノートで夢を実現

今回は、致知7月号で紹介されていた熊谷正寿《くまがいまさとし》氏を紹介します。熊谷氏は、上場企業10社を擁するＧＭＯインターネットグループの創業者で、現在、61歳、保有資産１０００億円超と言われています。

それだけ聞くとスーパーヒーローのように思うのですが、熊谷氏は高校を中退し、ビラ配りや喫茶店のカウンター等の仕事を経験したのち、親が経営するパチンコ店の店長を17歳で任されました。しかし、知識も経験もない若者に付いてくる部下は一人もおらず、葛藤の日々を繰り返していたのです。

それでも高校中退のハンディキャップを埋めるべく、朝から晩まで仕事に忙殺されながらも、放送大学の通信教育で勉強しました。しかし、どれだけ頑張っても一向に報われません。

そんなみじめさを紛らわせるために始めたのが、手帳にやりたいことを書くことでした。いい車に乗りたい、美味しいものを食べたいと、「夢のリスト」を書き綴り、自分なりに優先順位をつけて完成したのが、「夢・人生ピラミッド」でした。さらにそれを基に、「未来年表」をつくり、自分の夢・目標を時系列に落とし込み、達成日を決めて、事あるごとに反芻《はんすう》して、意識の中に植え付けていったそうです。

そして、１９９１年、27歳で今の事業の原点となる会社を創業し、１９９９年、36歳で独立系インターネットベンチャーとして国内初の株式上場を果たしたのです。

ところがその後、金融事業への参入で失敗し、４００億円もの損失を負い、自殺する夢を見るまで追い詰められました。それでも自分の夢を追い続け、周りの人への感謝を忘れず、夢を語り続け、縁を大切にした結果、２０２３年には、グループの連結売上２５８６億円を達成したのです。

熊谷氏は、「夢あるところに行動が生まれ、行動は習慣をつくり、習慣は人格をつくり、人格は運命をつくり上げる」のだと強調します。皆さんも、自分の夢を実現するため、目標管理ノートみたいなものを使ってみてはどうでしょうか。

２０２４年8月上

元気第46号　大空に飛び出しました！

先日、念願のスカイダイビングをしてきました。

最高の天気に恵まれ、コウノトリの郷がある豊岡市の但馬空港を飛び立って、地上3500メートルから大空にダイブしました。

因みに一緒に行ったメンバーは、立花部長、井阪局長、前田公室長の命知らずのタフガイたちです。

私を含め４人とも初めての経験ですが、そもそも私が、「最高の人生の見つけ方」という映画を観て、バケットリストの存在を知ったのがきっかけでした。バケットリストは、日本語では棺桶リストと訳され、自分が死ぬまでにやりとげたいことを書き出したリストです。

そんなリストを2年前に作りました。最初作った時は、２０２２年11月にスカイダイビングする予定でしたが、当時、心臓弁膜症の手術を3カ月後に控えており、主治医に相談したら、「リスク高すぎます」と一笑に付されてしまいました。

今回は主治医からも「どんどん飛んでください」とお墨付きを頂きました。

飛行機から大空へダイブ

それで喜び勇み、ワクワクドキドキしながら申し込みをしたのですが、決行の日が近づいてくると、流石にワクワクが小さくなって、ドキドキが大きくなってきたのです。

「何を好んで、そんな危険なことするの」とか「もし一緒にいく誰かに万一のことがあったら市長引退やなぁ」とか頭に浮かんできて、周りには澄ました顔をしていましたが、スカイダイビング当日まで、ジェットコースターに乗ったみたいに、気分が上がったり、下がったりしていました。

でもそういう心の浮き沈みを含めて、とても良い経験になったと思います。

本当に、当日は素晴らしいスカイダイビング日和でした。風はほとんどなく、雲が若干出て、落下している時の位置関係がよくわかりました。

雲ができるのは高度600メートルくらいからですので、雲よりずっと上から飛びます。飛んでいる時間は約30秒ですが、時速200キロで落下するので、スリルが半端ないです。パラシュートが開いてからは、約5分間、景色を楽しみながら、インストラクターと話をして降下しました。

まぁ、もう一度ということはないと思いますが、今度するなら、後ろにインストラクターについてもらうタンデムではなく、インストラクターに指導してもらいながら、個々に飛ぶスタイルでやってみたいです。

皆さんも是非、バケットリストを作って様々な未知の世界に飛び込んでみてください。

2024年8月下

元気第47号　『ローマ人の物語』を読破しました

毎月、政治や経済をはじめ、自己啓発、ノンフィクションなど、幅広いジャンルの本を10冊以上読むことを目標にしていますが、読書の醍醐味は長編作品にあると本で読んだので、『ローマ人の物語』にチャレンジしていました。『ローマ人の物語』は、約200ページの文庫本43巻にも及ぶ超大作です。これまで読んだ長編小説は、司馬遼太郎の『坂の上の雲』や吉川英治の『三国志』などで8巻ぐらいでしたが、それでもかなり苦戦して読みました。最初、読むのを躊躇しましたが、一念発起して単行本全15冊を大人買いしました。文庫本ではなく単行本にしたのは、自宅でゆっくりと至福の時間を感じながら、読みたかったからです。結局、読破するのに2年5カ月かかりました。

ストーリーは大雑把にいうと、ローマが都市国家として誕生し、ヨーロッパほぼ全域を領土や属州とするまでに繁栄し、その後、没落していく物語で、ハンニバルやスキピオ、スッラ、カエサル、オクタヴィアヌス、コンスタンティヌスなど、伝説の名将や皇帝の戦歴や統治について描かれています。

随分昔ですが、『坂の上の雲』のまちを標榜している松山市の前市長で、愛媛県知事の中村時広氏を訪問した時、中村氏が『坂の上の雲』を6回読んで、やっと司馬遼太郎が伝えたかったことがわかったと仰っていました。

1回読んだだけでは、塩野七生さんの『ローマ人の物語』に寄せる思いを理解できているとは思いませんが、私はローマという人類の歴史上でも類まれな都市国家に対し、特別な魅力を感じ、バケットリスト（棺桶リスト）に「ローマに行く」を加えるほど感銘を受けました。

次の大作挑戦は、『源氏物語』です。原文読解は無理なので、森林太郎（鴎外）おススメの与謝野晶子現代語訳の『源氏物語』を読んでいます。世は読書離れの風潮ですが、読書には、ストレス解消、話題やアイデアの発見、想像力や教養の育成など、たくさんの効用がありけます。この秋、読みやすいエッセイ集の1ページだけでも読む気で、本を手に取ってみてください。そこに豊かな人生のドアがあるかもしれません。

２０２４年９月上

スマイル第1号　台湾視察でＤＸ化を推進

新型コロナウイルスの分類が、ゴールデンウィーク明けに２類から５類に移行しました。これを境に、コロナ禍を払拭し新たなステージで、様々な活動が行われることを期待しています。

そんな思いを込めて、今月から「ひろみち市長のスマイル宅配便」と称して、皆様に、和泉市が元気になることや和泉市を誇りに思えること、また思わず微笑んでしまうようなこと

和泉商工会議所の皆さんと tsmc にて

を、お届けするコーナーを広報いずみに開設いたしました。

　創刊号は、和泉市の発展を共に担っていただいている和泉商工会議所の皆様との台湾視察の一幕をお届けします。

　この視察が実現した発端は、昨年、和泉シティプラザで開催した日本と台湾の小中学生による絵画展です。開催後、お礼にということで、和泉市役所をご訪問くださった台湾総領事から、今後は経済交流もしましょうと、台湾のシリコンバレーと言われている新竹市の視察をご提案いただきました。

　和泉市国際交流協会の会長と和泉商工会議所の視察担当委員長が、同じ方だったこともあり、話がトントン拍子に進み、tsmcをはじめ半導体業界で世界をリードする超優良企業や新竹サイエンスパーク科学園区探索館を視察することができ、今、和泉市で進めているDX化の弾みにもなりました。

また台湾の金融界の重鎮である台日商務交流協進会の鄭最高顧問に、「台湾経済の概要と日台の絆」についてご講演して頂きました。台湾では日常会話で、「リップンチェンシン」という言葉を使うそうです。漢字で書くと「日本精神」、「あなたはリップンチェンシンがあるね」という風に使います。リップンチェンシンは、勤勉、誠実、親切という意味です。台湾で、日本の精神がそのように使われていることを知って、うれしく感じると共に、胸が少し熱くなりました。

多くのことを学ばせていただいた台湾視察を企画してくださった和泉商工会議所の皆様に、心から感謝申し上げます。

2023年7月

スマイル第2号　青少年の家シンポジウム

和泉市立青少年の家

初夏の昼下がり、いずみＹＭＣＡキャンプセンター青少年の家（以下、青少年の家）におきまして、「多様な世代・コミュニティが集い、新たな賑わいを創出する『和泉市立青少年の家』の実現について」というテーマで、シンポジウムを開催いたしました。

青少年の家は、金剛生駒紀泉国定公園の南、和泉山脈の槇尾山《まきおさん》の中腹に位置し、クマタカが飛来し、カジカガエルの鳴き声を楽しめる豊かな自然に囲まれた和泉市で唯一の市営宿泊施設です。

少し足を延ばせば、西国三十三所４番目の札所で、弘法大師にゆかりの深い施福寺《せふくじ》がありま す。隣接しているグリーンランドは、晴れた日は六甲山や淡路島を見渡せる展望台やスリル満点のローラー滑り台もあります。施福寺、グリーンランド、それぞれ1時間程度で上り下りできる山なので、プチ登山にもってこいです。

またおしゃれでボリューム満点のランチを出してくれるカフェレストランもありますし、近くを流れている槇尾川沿いは、大阪府が、現在、大型遊具や芝生広場、季節の花を楽しめる公園等がある「槇尾こもれびの森」を整備しています。

このように魅力的な青少年の家ですが、利用者は年間1万人足らずと、伸び悩んでいます。施設は築30年を経過し、老朽化も課題となっていますが、今回は新たな魅力創出をめざして、和泉市の産学官を代表する約40名の方々にご参加いただき、それぞれの分野のスペシャリストとして、様々な視点から貴重なご意見やアイデアを頂きました。

今回のシンポジウムでご指摘いただいた第一の課題点は、認知度が低いという点でした。参加者の半数の方々が、今回のシンポジウムに参加して、初めて青少年の家という存在を知ったとのことです。先ずその存在を広くアピールしなければなりません。

今後、検討を重ね、令和8年にはリニューアルオープンする予定です。今回のシンポジウムでは、テントサウナ、グランピング、川遊び、地場産品を使った食事の提供など、様々なご提言を頂きました。ハード面、ソフト面で、イノベーションを実施し、多くの方々にご利用頂ける施設をめざし、『青少年の家プロジェクト』を進めてまいります。どうか市民の皆様には、是非、青少年の家を訪れていただき、ご意見・ご感想をお寄せいただきますようお願いいいたします。

２０２３年９月

スマイル第３号　いずみ締め

早いもので、２０２３年も、余すところ2カ月となり、もうすぐ師走の声も聞こえてまいります。この時期になると、段取りの良い方々は、慌ただしい年末を避け、早めの忘年会を開催されます。昨年は、新型コロナの感染予防で、自粛している団体が多くありましたが、今年は、コロナ感染前並みに開催されることが予測されます。感染対策に十分ご留意を頂きながら、この一年を労い、楽しい仲間と大いに盛り上がり、交流を深めていただきたく思います。

忘年会と言えば、やはり最後の手締めが肝心です。一般的には、一丁締めや一本締めが行われますが、大阪締め、博多手一本締め等で、ご当地色豊かな手締めを行うところもあります。

そこで提案ですが、和泉市独自の手締めを考案しましたので、是非、今年から宴会の最後は「いずみ締め」で、ビシッと締めていただきますようお願いいたします。

やり方は、至って簡単です。最初が「よ～ぉ、チョン」、二回目が「もひとつせっ、チョンチョン」、そして最後が「祝《いお》うていずみ、チョンチョンチョン」です。手を叩くリズムは一定で、一回、二回、三回と増えていきます。これは、いずみを一《い》、二《ず》、三《み》と手拍子で表現しています。言葉で「いずみ」、手拍子で「いずみ」、心の中でも「いずみ」と唱えていただき、みんなで和泉市を盛り上げてまいりましょう。

文章だけではわかりにくいと思いますので、YouTubeで動画を配信いたしました。動画作成に当たっては、和泉市のＰＲ大使、関係各団体や姉妹都市ブルーミントンの皆様のご協力を頂きました。

今年の年末は、いずみ締めで一年を締めくくっていただき、仲間との絆をさらに深めると共に、新しい年を人生で最高の一年となるよう、和泉市民全員で祈念してまいりましょう。

２０２３年11月

スマイル第４号　信太山クロスカントリー　楽しみました！

人生百年時代といわれている昨今、誰もが健康で毎日を楽しく過ごしたいと望んでいます。そのためには、自分に合った方法で健康を維持することが大切です。私の健康法の一つがランニングで、毎月１２３キロ走るようにしています。１２３キロは、１イ、２ズ、３ミの語呂合わせで、これくらいの距離が、適度な負荷がかかり、ちょうど良いように思います。朝ランや週末ランで、気の向くままに和泉市を駆け回っており、自宅横を流れている川沿いの道を走って、マガモやシラサギなどの野鳥や川の流れを見ていると、良い気分転換になります。ランニングやウォーキングは、とても良い習慣ですので、市民の方々や来訪者の方々にも、和泉市を楽しんでもらうために、市内公園10カ所にランニングコースをつくりました。休日に、それらのコースまで、足を延ばしたりもしています。

また、ただ走るより、目標があった方が張り合いが出ますので、ランニング大会に出るのも良いと思います。和泉市では、毎年1月に「信太山クロスカントリー大会」を開催しており、今年で71回目を迎えました。コースは、陸上自衛隊信太山駐屯地の演習場で、清少納言が枕草子に「森は信太」と記した丘陵地の大自然を満喫できます。最も過酷な20キロコースは、翌月行われる大阪マラソン参加者のテストランコースとしても人気となっています。

毎年、私はランナーとしても参加していますが、今年は10キロコースにチャレンジしました。ところが大会10日前に走り込みが原因で、左膝の前十字靱帯を損傷してしまい、参加断念の危機に瀕しました。しかし治療してもらった先生から無理のない範囲なら、参加しても良いとのお墨付きを頂きましたので、思い切って走りました。足をかばいながらのランニングはきつかったですが、鼓聖泉《こせいせん》のいずみ太鼓やボランティアの方々の声援に励まされ、何とか制限時間の70分内でゴールすることができました。

何事も最初から諦めるのではなく、チャレンジしてみることが大切です。走るのがつらくなったら、無理せずやめればいいだけのことです。大自然の中でクロスカントリーを楽しめて、とても爽快でした。エンジョイクロスカントリーの次は、エンジョイ和泉で市政発展に取り組んでまいります。

２０２４年３月

スマイル第５号　和泉市の公園

信太山丘陵里山自然公園

某大手民間企業の２０２４年のアンケート調査で、公園が充実している自治体として、和泉市が関西１９３市区郡中３位にランキングされていました。

そんな上位に評価されていることを光栄に思うとともに、公園整備にさらに注力していかねばと感じました。

最近整備している公園では、信太山丘陵里山自然公園があります。信太山丘陵は、江戸時代は天領で、明治に入って以降も、旧陸軍や陸上自衛隊の演習場として開発を免れた結果、絶滅危惧種が生息する自然環境が維持されてきました。私が市長に就任した当初、この地域はスポーツ施設として開発する計画がありましたが、和泉市議会が市民さんから提出された「自然環境の保全に関する請願」を採択

こもれびの森

黒鳥山公園

し、現在の公園整備につながりました。市民の皆様には、現在に残された貴重な自然を身近に感じていただき、環境保全の啓発にご協力いただければ幸いです。

　また春になると多くの方が、お花見に訪れる黒鳥山公園では、「黒鳥山千本桜構想」を実現するため、桜の植樹事業を進めています。現在、約９１０本の桜が植えられています。泉州の桜の名所となるよう、今後も植樹事業を進めてまいります。それと合わせて、市民ボランティアの皆様にバラ公園を整備していただいております。それぞれのシーズンで楽しめ、市民と共に創造する公園とするため、今後共、皆様のご協力をお願いいたします。

そしてダム建設を進めていた槇尾山麓では、その後、ダム予定地が公園として整備され、この度、「槇尾山こもれびの森」としてオープンいたしました。中央には巨大なジャングルジム、そしてその中央には「槇尾タワー」と命名されているタワーがあり、子どもたちが楽しめるボルタリングの壁もあります。また隣接地には、和泉市を見渡せる展望台もあります。是非、これらの公園を、ご家族揃って訪れてみてください。またご自宅近くの公園も楽しんでいただき、そこでの感想を和泉市役所にお届けいただければと思います。和泉市大好き人間が力を合わせ、公園が充実した住みよいまち和泉を実現してまいりましょう。

２０２４年７月

スマイル第６号　槇尾学園

和泉市では、「和泉発日本」となる日本に新風を吹き込むような事業の取り組みを、積極的に展開しています。

その一つが小中一貫教育で、中一ギャップを解消して、切れ目のない教育を実現するため、中学校区ごとに小中学校の児童生徒や教師の交流を進めています。そのモデル校が、

槇尾学園

2017年に新設された義務教育学校の南松尾はつが野学園です。そして2025年の春には、2校目となる槇尾学園がグランドオープンします。

槇尾学園は、横山小学校、南横山小学校と槇尾中学校が、統合されてできる義務教育学校です。槇尾学園は一定の条件のもと、他の校区からの入学・転校を認める特認校制度を採用しています。

一学級20～25人という独自の少人数学級や1年生からの英語教育、学園周辺の自然環境を生かした学習活動など、義務教育9年間を通して特色ある教育を展開いたします。それ以外にも、5年生からの部活動、放課後の英会話スクール、ゴルフ、ドローンなど、他にはない一味違う環境が整っています。

クラブ活動では、槇尾山の青少年の家を利用しての合宿なども実施し、地域のすべての施設が学びの場として、独自の活動を継承・展開します。

また新しい校舎は、２階建ての低層校舎で、段差のある敷地を活かし、１階、１・５階のように半階ずつずれる構造で、校舎中央には、開放型の図書室やコミュニケーションスペースが配置されています。私も、万博のパビリオンのような新校舎を見学して、槇尾学園で学ぶ子どもたちが羨ましくなりました。

オープンに先駆けての児童生徒の募集では、希望者が多いため抽選で入学・転校を決定した学年もありました。通学については、一定の保護者負担と市による出資により、民間バス会社に委託する予定です。

２０２７年に開校予定の（仮称）富秋学園を含めると、市内に３つの小中一貫校ができます。市内に３校の小中一貫校は、全国初となります。１年生から９年生まで切れ目のない、多様な「たてわり活動」が展開され、コミュニケーション力が高まり、素晴らしい人間関係が広がる学園になってほしく思います。

２０２４年９月

第2章

私の浪人時代

三宅久之先生との２連ポスター

私が、初めて市長選挙に立候補したのは、２００５年45歳の時です。民主系の候補者、共産系の候補者、そして自民党から推薦をもらった私の３人による選挙で、善戦しましたが、残念ながら落選してしまいました。選挙事務所が暗い雰囲気に包まれ、肩を落とし、うなだれている私に、後援会会長の青木辰夫さんが「辻さん、もう一遍、やりまひょや」と声を掛けてくださいました。他の応援してくださった方々も、有難いことに、もう一度頑張ろうと言ってくれましたので、それから４年の浪人生活が始まりました。

４年というのは、結構長い期間です。市長就任後、多くの方々に、４年の間、モチベーションを維持するのは大変ではなかったかと、よく尋ねられました。しかし次の選挙に向けてやることが山積していましたので、今思い起こしても、アッという間に過ぎた４年間でした。また浪人して次の選挙に向けて活動している４年間、生活はどうしていたのかと聞かれます。

浪人する前から、実家の隣にある織物工場をリフォームして、貸しスタジオを経営しており、そこから収入があったことと、薬剤師の妻が、薬局に勤務して頑張ってくれたので、何とか生活はできました。また次期選挙に向けての政治活動については、支援者の皆さんがカンパしてくださり、それを活動費に充当することができました。

しかし4年後に戦う相手は、現職市長です。選挙は知名度が大きくものを言います。常識的に考えて、浪人している私は時の経過とともに忘れられ、一方の現職市長は、各種団体の総会や市のイベントに出席し、市を代表して挨拶したり、懇親会で交流を広げ、知名度をどんどん上げていくので、圧倒的に私は不利な立場です。そのような厳しい状況にあったにもかかわらず、4年後の選挙で私が何故当選できたのか。いったいどのようなことがあったのか。

浪人していた4年間で行った選挙に向けての活動は、大きく分けると、空中戦、地上戦、それと水中戦です。空中戦とは、広く浅く知名度を上げる広報活動です。地上戦は、不特定多数の方々を対象としたコミュニケーション活動です。水中戦は、個別に人と会って政策的な意見交換をする目立たない地道な政治活動です。

先ず、空中戦では、後援会の皆さんにお願いして、市内各地に私の写真と名前入りの特大ポスターを設置していただいたり、機関紙である「まちづくりレポート道」を月に1度ポスティングしていただきました。ポスターは市内で１２００カ所、レポートは毎月２万軒のご家庭にポスティングしていただきました。

地上戦では、毎月市内５つの駅周辺の合計13カ所で、朝６時から９時までの３時間、まちづくりレポート道を配りながら、朝の挨拶や街頭演説を行いました。最終的には、すれ違う８割の方々が、「おはようございます」と挨拶してくれたり、会釈してくれるようになり、小さなコミュニケーションが図れるようになったのではないかと手応えを感じました。

水中戦では、市民の皆さんのお宅１軒１軒を支持者の方に同行いただいて、２年半かけて約６万軒、ほぼ市内全域を行脚しました。水中戦という表現はあまり使われませんが、水の中に潜っている潜水艦のように、対立候補陣営から見えにくい活動です。この活動は、飛び込み営業と同じです。精神的な強さを求められますが、ボディブローのようにじっくり効果が出てきます。

このような活動を４年間継続し、決戦の時を迎えました。できる準備は全てしてきた自信はありましたが、現職相手の厳しい選挙であることに変わりはありません。

投票日が近づくにつれ、不安が増してきました。その様な中で、選挙戦最後の土曜日、私の選挙事務所前が、大渋滞を起こしていました。原因は、選挙応援で活動してくださっている方々が、私を支援してくれている政治団体の機関紙を取りに来ていたからです。後で聞くと、総勢200人の方々が2人1組になり1組300軒ずつ、合計3万世帯に機関紙を配布してくださっていたのです。最終日、朝から夕方まで、支持者の方々が、この様に必死になって信じられないような活動をしてくださったお陰で、奇跡が起こったのです。

当選確実の連絡を受けて、選挙事務所が詰めかけていた方々の歓喜に溢れていた時、いつも先頭に立って動いてくれていた後援会女性部長の継国加代子さんの姿が見えないので、どうしたのかと思って継国さんに電話を入れました。「どちらにいらっしゃるのですか」と尋ねると、「家にいるの。怖くて開票結果が聞けなくて」と仰いましたので、「当選しました。すぐ事務所に来てください」とお伝えしました。本当にそこまでの思いを持って、応援してくださっていた方々のお陰で、当選できたのだということを改めて嚙み締めました。

浪人中の4年間で離れていった支持者の方もいましたし、批判的な言葉や罵声を浴びせられたこともありました。本当に大変な毎日ではありましたが、この大変な4年間をもう一度やれと言われたら、もしかしたら喜んでやるかもしれません。何故なら、これまでの人生で一番生きているということを、強く感じることができた4年間だったからです。

今、思い起こすとこの4年間があったからこそ、今の自分があると感謝しています。

第３章

市民税10％の減税

「市長、あなたは公約の意味をわかっていらっしゃるのですか。市民との約束ですよ。それを財源も実施までの行程表も示すことができないなんて。再度お尋ねします。財源と行程表は、いつお示しになるのですか」

これが、市長に就任して初めて臨んだ議会で、私に浴びせられた質問でした。心臓が喉から迫《せ》り出しそうな緊張感を覚えながら「市財政を精査し、できるだけ早い時期に計画をお示し致します」と答えるのが精一杯でした。

4年前の市長選挙に敗れた私は、捲土重来を期し、「信頼感」を信条に、市民との約束を守る政治家をめざして、市内を隈なく行脚しました。そして掲げた公約の一つが、市民税の10％減税です。実を言いますと私自身10％減税を公約とすることに躊躇《ちゅうちょ》がありました。それは市民には単なるパフォーマンスにしか映らないのではないか、という不安があったからです。そんなことを危惧する私の背中を押してくれたのは、行脚している時の「物価下がっているのに、税金なんで下がらんのや」という市民の方の素朴な声でした。

当選してほどなくテレビ局から10％減税について取材したいとのオファーがあり、マスコミを通して私の思いを広く伝えることができると喜びました。ところが放映された内容は、減税をすると地方交付税の減額などデメリットが大きく、現状ではほぼ実行不可能という否定的な論調でした。

その後も反対派から叩かれ続け、ネット上では「詐欺市長」呼ばわりです。このまま潰されてなるものかと、私はけんか腰で応戦していました。そんなある時「相手が反対派の古参議員でも、対等にわたり合えるようになった」と胸を張る私に、「市長、戦う市長も頼もしいけれど、市民や職員は、包容力があり、ドンと構えている市長を望んでいるのではないですか」と市長公室長から言葉が返ってきました。私はハンマーで頭を打ちのめされたような衝撃を覚えると共に、逆に胸につかえていたわだかまりがすっと取れた思いがしました。この時、何があっても動じない腹の据わったリーダーをめざそうと誓ったのです。

減税実現のためには、年間約9億円の財源が必要です。外部有識者の協力を得て「和泉再生プラン」を策定し、そのプランで捻出した財源を活用するという減税案を議会に提案したのですが、「計画を立てただけで、実際に財源ができたわけではない」「再生プランは財政再建計画で、減税の財源確保のためでない」などの理由から、あえなく否決されました。

それから1年、再生プラン以外の財源確保に奔走し、単年度ではありますが5%減税だったら実施できるというところまで漕ぎ着けました。5%でも市民との約束を実現したいという思いから、この案で行こうと庁内幹部会に諮ったところ、またもや市長公室長から「市長、今度否決されたら市長不信任と同じですよ。来年2期目の選挙を控えている中、そのような危険を冒すのですか」との指摘がありました。1年前に私が提案した10％減税を否決したのは議会です。その時点で公約を実現しようと行動し、私は公約を守る責任を果たしたのではないか、という考えが頭をよぎりました。しかし次の瞬間、私の口から出たのは「確かに今度否決されたら議会から市長不信任案を突き付けられたのと同じだ。しかし今、減税案を提案しなかったら、私が自分自身に市長不信任案を出す。来年出馬しない」という言葉でした。

それから減税案の議会提案に向け、減税プランの確立、議会対応などに市長公室長をはじめ関係職員全員が一丸となって取り組み、採決の日を迎えました。

議長の「起立（賛成）多数であります。よって議案（減税案）は可決されました」という言葉を聞いた時、喜びと感謝の気持ちで胸がいっぱいになり、目頭に熱いものを感じました。叩かれ続けた苦い経験、温かい励ましの言葉、歯に衣着せぬ職員との議論が、走馬灯のように脳裡を駆け巡り、すべてが公約実現のために必要だったのだと気づかされました。この気持ちを忘れず、これからも「信頼感」の軸をぶらさない約束を守る政治家であり続けようと改めて決意した瞬間でした。

第4章

和泉市立病院大改革

旧和泉市立病院

私の妻は薬剤師で、大学を卒業してから約10年間、和泉市立病院（以下、市立病院）の薬剤科で勤務していました。その頃の市立病院は、泉州地域では最も医療レベルの高い病院との評判でした。そういう素晴らしい病院で妻が勤務していることを、私自身も大変誇りに思っていました。

その後、平成に入ってから、市立岸和田市民病院をはじめ泉州地域のほとんどの公立病院が、施設の建替えを行いました。市立病院も建替えの時期を迎えていたのですが、都市公団（現UR都市機構）によって宅地開発が進められていた和泉中央エリアにおける地域交流施設の建設が将来控えていたので、市立病院の建替えは見送られました。また救急医療については、告示を行っておらず地域の救急医療に対して、十分な役割を担えていない状況でした。

そこで私が市会議員になった2年目の１９９７年、定例会の一般質問で、市立病院の建替えと救急医療の開始について質問しました。市立病院の建替えについては、当時の市長も必要性を認識していましたが、財政的な理由から前向きな答弁は頂けませんでした。救急医療についても、市長部局から色よい答弁はなかったのですが、市立病院の最高責任者である竹林管理者から「来年は、何が何でも救急を始める」と事前のすり合わせでは予定になかった答弁があり、その言葉通り翌年から救急医療が開始されたのです。トップの強い思いがあれば、不可能と思われることでも実現するのだなと、つくづく感じさせられた出来事でした。その質問から約20年の歳月を経て、２０１８年に市立病院が和泉市立総合医療センターとしてオープンしたのですから、私としては本当に万感胸に迫る思いでした。

外部から見ていると、市立病院の建替えはとんとん拍子に進んでいったかのようですが、その道のりは本当に長く険しいものでした。私が市長に就任して、第一に実現したいと思ったのは市立病院の再生です。当時、市立病院は毎年約10億円の赤字を出し、その赤字を和泉市が一般会計から繰り入れを行って埋めていました。また平成10年に開始された救急医療は、医師不足のため平成19年に休止となって、再開の目処が立っていない状況でした。施設については、最も古い病棟は建築後50年を超えており、建替えの適正時期はとうに過ぎていました。しかし建替えは、経営状況から判断すると夢のまた夢でした。

先ずは何とか医師数を増やし、経営を黒字転換させなければなりません。そして公立病院の最大の使命である救急医療を一日も早く再開し、市立病院の建替えを行うという大きな目標を立てて取り組みました。当時の病院事業管理者と相談して、月に一度、仕事が終わってから経営改革会議を開くことにしました。その会議では、部長以上の医師に集まってもらい、どのような小さなことでも経営にプラスになるならやってみようと、ワンコイン（500円）で受診できるプチ健診なども実施しました。

そのような試行錯誤の取り組みを進めている中、病院事業管理者のつながりで、福岡先生という肺がん治療の分野では日本で第一人者と言われている方が、市立病院に来ていただけることになりました。しかも驚いたことに、福岡先生は、私の父のセカンドオピニオンをお引き受けいただいた先生でした。父は肺がんで他界したのですが、市立病院で末期の肺がんと診断され、余命1年の宣告を受けました。その際、近畿大学医学部附属病院で勤務されていた福岡先生にセカンドオピニオンを行っていただきました。福岡先生は、当時、近畿大学医学部の教授をしておられ、竹林先生のご紹介でお会いしました。竹林先生の紹介状を持って、福岡先生にお会いさせていただいた時は、まさか市立病院の再生にご協力いただくとは夢にも思っていませんでした。

福岡先生は腫瘍内科の医師ですので、緩和ケア病棟を新設しようということになりました。当時、急性期医療を担う公立病院においては、がんの緩和ケア病棟を設置している病院はありませんでした。何故なら、緩和ケアとは、がんの終末期医療と捉えられ、看取りのようなイメージがあったからです。しかし福岡先生がめざした緩和ケアは、従来の終末期医療ではありません。がんというのは、体が病気で蝕まれると共に、死と隣り合わせの恐怖から心も病んでいき、本人が生きる意欲を失ってしまう病気です。そしてその気持ちが家族にも伝染し、家族全員の気持ちを暗くさせ、時にはその影響が身体の健康にも害を及ぼすことがあります。

市立病院がめざした緩和ケアは、病状が安定している時は、家庭で看病していただき、病状が悪化した場合や家族が看病疲れした時に、緩和ケア病棟に入院していただくという、家族が少し休憩する、いわゆるレスパイトの役割を担う医療を提供しようという目的を持っていました。

当時で約3億円の改修費を要しましたが、家庭的な雰囲気にしようと、部屋の名前も

201号室とかではなくて、「桔梗」とか「水仙」とか花の名前をつけました。談話室もかなり広く、くつろげる余裕の空間を取りました。IHクッキングや冷蔵庫を備えた調理室も配備し、アルコールの持ち込みも可能で、手作り料理のホームパーティも行えます。それと合わせて石造り調の家族風呂も設置し、家族と一緒にお風呂にも入れるようにしました。

市立病院全体の病床利用率は70%ぐらいでしたが、緩和ケア病棟に限っては、ほぼ100%の利用率でした。その時の緩和ケア病棟の看護師の責任者が、現在の和泉市立総合医療センターの川口看護部長です。川口看護部長をはじめ関係する職員が、色々な施設を視察して調査研究した成果が、緩和ケア病棟で花咲いたのではないでしょうか。

そのように市立病院の再生に向け積極的な取り組みを進め、様々な改革を図った成果が実り、かなり経営が改善されました。しかし医師が思うように集まらず、救急医療の再開も病院の建替えも目処が立たないという状況は変わりませんでした。

2008年9月から公立病院改革ガイドラインに基づく「経営健全化実施計画」に取り組んでいた市立病院では、進行管理を目的として「経営監視委員会」を設置し、毎年、病院経営を外部の視点でチェックしていただいておりました。その委員会では、非常に厳しい意見が出ます。その中で、救急医療の再開も求められていました。私も、救急医療こそが公立病院の最も重要な役割だと思っていました。その救急医療を再開するためどうすればいいのか。病院は企業経営であり、企業経営は努力しても結果につながらなかったら、努力していないのと同じと厳しく評価されます。そういう中で、経営だけでなく病院全体を外部からの視点で評価すべきという声が上がり、市が設置している外部評価委員会に諮ることになりました。私が市長に就任して2年後の2011年の8月のことです。就任してからの2年間、何とか公設公営で再生しようと努力してきましたが、経営状況は一進一退の繰り返しでした。ここに至っては、問題を先送りすることなく、外部評価によって、市立病院にメスを入れるしかありません。

そして桃山学院大学経営学部の竹原教授に委員長をお引き受けいただき、また民間企業の役員や医療従事者の方々にも委員をお引き受けいただきました。外部評価委員会では、委員それぞれ専門的な観点から、市立病院に関しての評価をして頂きました。企業経営者からは民間の感性で、医師からは医療的な視点で、かなり厳しい意見を頂きました。そのような中で、市立病院の一番大きな問題は、医師数が不十分で、特に若くて体力がある医師が少なく、救急医療を行う環境が整っていない点、赤字が出ても最後は市からの繰入金で赤字補填されるので、経営が甘くなってしまう点などが指摘されました。

また公立病院の場合、医師確保に関して課題があります。医師を招聘しようとした場合、民間病院では、必要があれば給与面で特別な好条件を提示したり、医師招へいの際に必要となる経費は認められます。しかし公立病院では、給与は条例で定められていますし、医師招へいのために使う予算などは一切ありません。そのような中で医師を確保することが、なかなか叶わないこともあって、救急医療が休止したままとなっていました。

そして経営健全化計画については、はじめの数年間は目標数値をクリアしていましたので、経営健全化が順調に進んでいるように見えていました。ところが、その目標設定の仕方に大きな問題があったのです。初めの数年は目標のハードルを低くし、計画の後年度になるほどハードルを高くしていたのです。つまり問題の先送りです。計画の後年度になると、現実的には、とても達成できない病床利用率を目標として掲げていたのです。

最終的に外部評価委員会から、市立病院を立て直すには、現状の公設公営という経営形態の在り方そのものを、抜本的に見直す必要があるという答申を頂きました。現状で救急医療を再開するために必要な医師を招へいできないのなら、どういう経営形態に変更すればいいのか。市立病院を廃止して完全な民間病院にする、公設民営の指定管理者制度を導入する、地方独立行政法人に移行するなど、いくつかの手法があります。

そこで外部評価委員会の答申により「和泉市立病院あり方検討委員会」を設置しました。この委員会では、大阪府の元副知事であり医師でもあり、後に大阪府立病院機構の初代理事長に就任された、医療についても経営についても大変造詣が深い高杉氏に委員長をお引き受けいただきました。また外部評価委員会で委員長を務めていただいた桃山学院大学の竹原教授に副委員長を、和泉市医師会会長、東大阪市立総合病院の名誉院長、公認会計士に委員をお引き受けいただきました。

委員会では、侃々諤々の議論が尽くされました。市立病院は、腫瘍内科や整形外科の評判が高く、一定の強みを持っているので、現在の医療体制は継続する必要があるという意見がありました。しかし経営形態については、現状では救急医療再開や経営健全化は困難で、もっと効率的な民間ノウハウを使った仕組みにしていかなければならないという意見もありました。そのような議論の結果、市立病院としての公的な責任を持ち、民間の経営ノウハウを活用できる制度を導入すべきとの意見に集約されました。

そして最終の和泉市立病院あり方検討委員会で、三つの課題である救急医療の再開、病院の建替え、経営改善を実現するためには、今の市立病院の強みを活かしながら、民間の力を導入する公設民営の指定管理者制度の導入が望ましいという答申を頂きました。

市立病院の経営形態の変更については、議会に諮る必要があります。その議会提案の時期について、私を支援する多くの方々から、選挙が終わってからにしてはどうかという助言を頂きました。他の自治体は公立病院の存続問題が原因で、市長のリコール運動に発展し、辞職に追い込まれたり、病院の存続が争点となり、現職市長が選挙で落選していたからです。しかし日頃から、成功の反対は失敗ではなく先送りだと職員を指導している私が、問題を先送りするわけにはいきません。結論として市長選挙3カ月前の2013年3月の第1回定例会に、議案を提案することにしました。

今振り返ると、その後、徳洲会グループの公職選挙法違反の事件があったので、先送りせず、前倒しで事業を進めて本当に良かったと思います。もし先送りしていれば、指定管理者募集時には、徳洲会グループは事件の渦中にあり、とても応募できる状態ではなかったでしょう。つまり現在の和泉市立総合医療センターはなかったのです。

議会に議案を提案するにあたり、先ず、行わなければならないことは、労働組合との交渉です。公設民営とは民間病院に市立病院の経営を委託するのですから、医師や看護師、検査技師をはじめすべての医療スタッフの身分が、公務員でなくなります。そのことについて、労働組合と話し合わねばなりません。

組合交渉は、春闘などでの定期的に実施する交渉や、人事に関する制度改正の時に行われる交渉がありますが、市長は基本的に同席しません。しかしこの時の交渉では、初回から出席しました。「市長が引導を渡しに来たのか」「公設民営化など言語道断」「先ず謝れ、土下座しろ」など、かなり激しい言葉を浴びせられました。しかし感情的になることなく、指定管理者制度の導入は、市立病院の医療レベルを高めて、救急医療を再開し、新病院を建設するためであることを、誠意を持って説明しました。議論は平行線のままでしたが、市議会で指定管理者制度導入の議案が可決されるまで正式決定ではないので、組合に対しては決定事項としてではなく、協議事項として丁寧に対応しました。

また組合交渉と同時進行で、２０１３年２月から中学校区ごとに10カ所で市民説明会を行い、指定管理者制度導入について、私がマイクを取って説明しました。ほとんどの会場に労働組合の関係者が来て、反対の説明ビラを玄関で配布し、説明会では「和泉市は医療の責任を放棄するのか」とか「市立病院を潰すのか」とか「救急医療は公設公営のままで再開できるはず」と、あることないこと織り交ぜて、不安を煽《あお》るような発言をしていました。かなりヒートアップした場面もありましたが、なんとか説明会を乗り切りました。またネットで誹《ひ》謗《ぼう》中傷されたり、根も葉もない噂《うわさ》まで立てられましたが、今となっては懐かしい思い出です。

２０１３年３月の第１回定例会で指定管理者制度導入を議会に諮り、賛成多数で可決されました。指定管理者の募集要項は、市立病院建替えについては、建設費の半額を指定管理者に負担していただくこと、救急医療については、３年以内に再開すること、それと経営に対しての市からの赤字補填については、一切行わないという条件を付けることとしました。

２０１３年５月に募集要項を作成して、大阪府内の約30の医療法人を訪問し、積極的に募集についての周知活動をしました。そして締め切りの日を待っていたのですが、事業者からの問い合わせはほとんど来ませんでした。本来なら、興味を示す事業者から質問が寄せられるはずなのにと、心もとなく思っていると、締切日の前日に、一番期待していた民間病院から、募集条件が厳しいので、今回は見送らざるを得ないという連絡がありました。

最終日の前日でしたので、おそらく締め切りの日も応募者が来ないだろう。そうなると募集の条件を緩和して、再度募集せざるを得ないと腹をくくっていました。ところが締切日に、何と徳洲会グループ（以下、徳洲会）から応募の申し入れがありました。

徳洲会は、日本では最大規模の医療法人で、世界でも三本の指に数えられ、医療の分野で大きな社会貢献をしている法人です。「生命だけは平等だ」を信念に、絶対断らない救急医療を誇りとしています。

それから徳洲会と、色々とやり取りしながらプレゼンのための必要書類を取り揃えていただき、指定管理者選定委員会で審査いただきました。選定委員には、和泉市医師会の会長をはじめとした医療関係者、大学の建設関係の准教授などに入っていただきました。応募が１法人しかなくても、選定委員会で一定以上の点数を取らなければ、選定をクリアできません。選定委員会では、随分と色々な意見がありました。全国各地で医師会と対立している徳洲会は好ましくない、救急医療は断らないというが、徳洲会の救急の現場は、まるで野戦病院のようではないか、他の総合病院や医療機関と連携せず、あちこちで摩擦を起こしているなど、あまり良く思われていない委員もいらっしゃいました。

また市立病院の医師の多くが大阪市立大学（現大阪公立大学）医学部からの派遣なのですが、大阪市立大学の教授陣も徳洲会についてあまり良い印象をお持ちではなくて、徳洲会が指定管理者になるのなら、大学から派遣している医師は、全員引き上げるという話がありました。当時、約30人の医師を大阪市立大学から派遣していただいており、もし引き上げられるようなことがあれば、病院として機能しない状況に陥ります。そういうことを聞いて、大阪市立大学医学部長にお会いしましたし、附属病院の院長も訪問して、どうか地域医療を守るために力を貸してほしいとお願いし、ご理解を頂きました。そういう逆風の中、８月末に行われた指定管理者を決定する最終の委員会で、合格点が出されました。

あの時のことは、今思い出しても冷や汗が出てきます。本当に多くの方々のご尽力により、徳洲会に決まりました。そして徳洲会の総本山である湘南鎌倉総合病院に出向きまして、徳田虎雄理事長にお会いし、指定管理者に決定したことをご報告させていただきました。

徳田理事長はＡＬＳという筋肉が退化していく病気を患われ、その当時かなり進行していたので、ご自分の声で話はできない状態でした。人工呼吸器をつけ、コミュニケーションの手段は目で文字盤を見て、その目の動きを付き添いの方が通訳する方法です。30分の面談時間を頂きましたが、私はそんなコミュニケーション手段で、15分も会話は持たないだろうと思っていました。ところが本当に意気投合しまして、予定時間をオーバーし1時間があっという間に過ぎました。徳田理事長の奥様が近畿大学薬学部のご出身で、偶然にも私の妻と同窓でした。徳田理事長もそのことを大変喜んでくださいまして、満面の笑みをたたえておられました。本当に何か不思議なご縁のようなものを感じました。

指定管理者の最終決定については、市議会の議決事項ですので、議案を議会に提案して、可決してもらわなければなりません。ところがそこから予想外の展開になりました。議案を審議していただく1カ月前に、徳洲会の役員が、国政選挙で公職選挙法に抵触する行為を行っていたということで、証人喚問を受け、徳田理事長の長男の国会議員の関係者が、検察に検挙される事態に発展しました。

そういう事件があり、違法行為を行った者が経営陣にいる医療法人に、市立病院の運営を任せていいのかという意見が議会の中で噴出しました。市の関係団体からも様々な苦言が寄せられましたが、私は政治生命を賭けて、徳洲会に運営を任せることを決断し、職員と一丸となって、市民の理解と議会の同意を得るために奔走しました。最終的に事件に関係した役員と親族は、経営から退き、徳洲会が新しい体制でスタートすることになり、政治的な問題と医療の問題は全く別であり、医療についてはレベルの高い水準を維持しているので問題はないということで、議会の同意を得ることができました。

2013年8月に湘南鎌倉総合病院の徳田理事長を訪問した時、部屋の壁にネイティブアメリカンの絵が掛けられていました。その訪問の数週間後に姉妹都市であるアメリカのブルーミントン市を表敬訪問しました。その時に、徳洲会が和泉市のパートナーとして、市立病院の経営を立て直し、救急医療の再開と新病院の建設という夢を実現してほしいという思いで、ネイティブアメリカンが作る伝統工芸品のドリームキャッチャーを二つ買いました。その一つは今でも市長室に飾っています。

今後、高齢化が進み、また医療に対するニーズも高度化・複雑化していく時代になります。そういう中で市立病院を、地域医療に貢献できる病院にしていきたい、その夢をつかみとるドリームキャッチャーを徳田理事長と共有し、その目標に向かって共に歩んで行きたいという思いがありましたので、もう一つのドリームキャッチャーは、指定管理者契約の調印式の時、新しく理事長になられた鈴木理事長に、徳田元理事長にお渡しいただきますよう託しました。色々なことはありましたが、やはり一代で日本を代表する医療法人を創設できたのは、医療を通じて社会貢献していこうという比類なき崇高な理念があったからだと思います。

2014年4月から市立病院の運営は徳洲会に移管されました。民営化によって、医療スタッフの大量離職が懸念されましたが、医師、看護師、検査技師等の多くの方々が残ってくれました。その慰留の条件として移籍奨励金の支給なども行いましたが、やはり医療に対する職業的信念や社会に対する奉仕の精神があればこそ、市立病院に留まってくれたものと感謝の念に堪えません。

種々の理由により公務員の身分を維持したいと希望した職員には、任用替えを行い事務職で市役所に残ってもらうこととしました。職員は同志であり、同じ釜の飯を食う家族のような存在です。市役所の事務職として任用替えした看護師や検査技師は100名以上いましたが、使命感を持って人の命と健康を守るという仕事に従事していた職員です。事務職になっても、どうすれば市民の役に立つのかと、前向きな姿勢で職務に向き合ってくれましたので、素晴らしい戦力になりました。

運営移行時は、大変厳しい状況ではありましたが、大きな混乱もなく徳洲会にバトンタッチでき、地域医療の一翼を担う市立病院として、再スタートを切ることができました。障害や困難は、次の目標を達成するためのチャンスです。私は常に障害や困難が目の前に現れたら、自分たちの判断が間違っていたのではなく、正しいから障害や困難が目の前に現れていると解釈して、積極的に事業を進めてきました。

徳洲会に運営が移行してからは、民間のノウハウを活かして、経営状況は公設公営の時よりも徐々に改善されていきました。指定管理者制度の契約では、経営の赤字補填はしないということになっており、それまで毎年行っていた約10億円の一般会計からの繰入はなくなりました。

そういう経営環境の中で、市立病院の経営陣をはじめ関係者全員の頑張りによって、2018年の新病院完成に向けての取り組みが進んでいきました。当初の計画通り市民グラウンドの跡地に市立病院を移転建替えするためには、公園の都市計画を公園用地から病院用地へと変更しなければなりません。市民グラウンドがある槇尾川公園の総面積は4・5ヘクタールと、非常に広い敷地を有しています。その内の2・5ヘクタールを病院用地に転用し、2ヘクタールを公園として再整備する計画を立てました。

公園の面積を縮小させるためには、大阪府の同意が必要ですが、既存の公園の面積縮減は、非常にハードルが高い課題でした。ところが大阪府から出向していた副市長の調整により、大阪府が協力的に対応してくれました。目的が医療の充実ということなので、理解いただいて都市計画を見直し、公園の用地を病院の用地に変更することができました。しかも普通なら工事着手まで3年近くかかるのですが、変更手続きと工事発注手続きを同時並行で進めることができ、実質1年という異例のスピードで工事に着手することができました。

公園の都市計画の見直しも実現し、そこから病院の建設をどのように発注するのかの議論に入っていきました。病院の運営は徳洲会に委託していますが、市立病院は土地も建物も市の所有で、設置者は和泉市長の私です。指定管理者に負担していただく建設費の半分は、いわば病院を借りる家賃と考えていただくとわかりやすいと思います。そのような契約になっていますので、和泉市が、基本設計、実施設計、建設そして工事管理の発注を行います。和泉市は、発注方式として、先ず基本設計を発注し、その後、実施設計と建設を一括して発注するデザインビルド方式を採用しました。それはデザインビルド方式が、工期が早く、安価で、しかも建設業者の独自のノウハウを十分に発揮できるからです。基本設計については内藤設計に決定し、実施設計と建設については清水建設に決定しました。和泉市の建設予算が厳しかったので、実施設計と建設に手を挙げてくれた事業者は少数でしたが、スーパーゼネコンで病院建設でも実績のある清水建設に決まってホッとしました。

竣工式

市民グラウンドが解体され、平地となり、基礎工事が始まりました。工期は2年でしたが、基礎工事に時間を掛けました。

免震構造ですので、地下の基礎の部分を、強固なものにする必要があります。そして災害時にも機能する病院ということで、公共下水道が使用できなくなった時に汚水を貯めておける貯水槽と上水道の貯水槽も設置し、また3日間ぐらいの停電に対応できるよう発電機も設置しています。

基礎部分ができてからは、一気に工事が進み、毎月1階ずつ階を重ね、見る見るうちに8階建ての病院が完成しました。名称も福岡総長の肝いりで、和泉市立総合医療センター（以下、市総合）に変更となり、再整備した公園と共に2018年4月にオープンしました。

総合医療センターという名称は、大阪府内では、大阪市立総合医療センターと堺市立総合医療センター、りんくう総合医療センターしかありません。東大阪市や枚方市など和泉市立病院より大規模な公立病院でも総合医療センターという名称ではないのに、ちょっとおこがましいのではないかと思ったのですが、福岡総長が、名前負けしない素晴らしい病院にするという気概を示されましたので、「じゃあ、それでいきましょう」ということで決定しました。

移転前、市立病院の医師は42名でしたが、市総合のスタート時は82名となり、診療科も16科から32科と倍になりました。私は和泉市の奇跡だと思っていたのですが、福岡総長は一日も早く医師１００名体制にしたいと仰っていました。私はそこまでは望めないだろうと思っていましたが、２０２４年４月時点で、１４０名を超す常勤の医師が市総合で勤務しています。全国のほとんどの公立病院が、医師不足で四苦八苦しているのが嘘のようです。

大学を卒業してすぐの医師が臨床研修医で、大阪府が定めた病院ごとの枠があり、市総合の枠は２名でしたが、現在は５名に増員していただけました。今では臨床研修医の募集に対して５倍ぐらいの応募があります。このように人気がある病院は、他に例がないと医療関係者の皆さんが驚かれます。今の医師不足の中で、このようにたくさんの方が応募してくれるのは、普通では考えられないことです。以前は救急搬送を年間５００人も受け入れられなかったのですが、若い医師が中心になって救急医療を担い、今は年間３０００人を超える搬送を受け入れることができるようになりました。これからもっと救急医療に力を入れて、徳洲会の理念「命だけは平等だ」という断らない救急の体制を堅持していきたく思っています。

今後の課題は病床不足です。市総合の病床数は、３０７床なので常に満床状態です。しかし病床数を増やしたくても、大阪南部の泉州医療圏全体では急性期病床は過剰なので、大阪府は認可しません。そのような事情もあり、急性期医療を必要とする患者さんを受け入れるためには、比較的症状が安定してきている患者さんの在院日数を短縮していく必要がありま

サンタクロースに扮して仲間と Xmas コンサート

す。そこで大切なことは、市総合を退院してから、すぐに家に帰れない患者さんをサポートする体制の整備です。療養型の病床を持った病院と連携して、切れ目のない地域医療を構築していく必要があります。

和泉市では２００８年頃から、急性期病院、回復期病院、医師会、歯科医師会、薬剤師会や介護施設と連携して、和泉市民の健康と生命を守っていく体制を作っています。これからも市総合が市民の方々から支持され、そして愛され続けるそんな医療施設であるよう、しっかりと我々もサポートしていきたく思っております。

第5章

ミュージアムタウン構想

和泉市は、室町時代から綿花の産地で、そのような歴史的経緯から、明治時代初期より綿織物業が、地場産業となりました。第二次大戦後に発生した景気拡大の頃は、ガチャと織れば万の金が儲かるといった意味から「ガチャ万」と持てはやされ、和泉市の産業のけん引役としての役割を果たしてきたのです。私の生家も綿織物業を昭和3年から営んでいました。私の父が最終的に経営を引き継いだのですが、父は次男でしたので、当初は、長兄が医科大学を卒業して医師免許を持っていたにもかかわらず、しばらくの間、家業の織物業に従事していました。つまり当時は、医者より織屋の大将の方が、魅力ある仕事だったのです。その様な綿織物業界で、創業した明治期から昭和52年の廃業までおよそ100年間にわたり、和泉市の産業の中核的役割を果たしてきた企業が、久保惣株式会社です。そしてその間、創業者の久保家は、産業振興と合わせ、古美術品の取集にも尽力されました。

そして、廃業するに際して、久保家は企業を育てた地元にコレクションを寄贈するのが最も望ましいと、国宝2点、重要文化財28点を含む約500点の東洋古美術の名品に加え、美術館の建物を建設し、敷地と基金3億円を合わせて寄贈し、和泉市久保惣記念美術館がスタートしました。

私は、その久保惣記念美術館を中心に、美術館があるまちとしてのブランド化を図るため

久保惣記念美術館新館玄関前の著者署名顕彰碑

に、「和泉・久保惣ミュージアムタウン構想」を提案し、多くのアーティストや関係団体の協力を頂きながら、芸術と生活が融合したまちづくりを進めています。

芸術のまちと言えば、「花の都」パリや「ルネサンスの都」フィレンツェを思い浮かべる方が多いでしょうが、私は、芸術が庶民の生活に溶け込んでいるニューヨークが大好きです。とても躍動感があり、なんとなくスリリングな感じがして、ニューヨークに行くとワクワクします。

最近では、メトロポリタン美術館で源氏物語展が開催された時、久保惣記念美術館から源氏物語手鏡等の重要文化財を貸し出したので、それを鑑賞するためプライベートでニュ

アートガッシュの壁画

ーヨークに行きました。プライベートで行った理由は、せっかくニューヨークまで行くのに、メトロポリタン美術館を訪問するだけでは、もったいないと思ったからです。時間を最大限有効に使い、ホイットニー美術館、ニューヨーク近代美術館、ノグチ美術館などを訪れ、ブロードウェイでミュージカルの「アラジン」と「フローズン（アナと雪の女王）」も鑑賞しました。特に早朝訪れたタイムズスクエア教会でのゴスペルは、聖歌隊と礼拝に来ている方たちが一体となる最高にソウルフルなゴスペルで、心が躍りました。本当に芸術が暮らしに溶け込んでいるなと感じさせられるまちです。

と偉そうなことを言っても、3度しかニューヨークには行ったことがないのですが、和泉市には和泉中央駅の横にセントラルパーク（中央公園）がありますし、久保惣記念美術館もあるので、大阪のニューヨークを標榜できるようになるのではないかと期待しています。

そのために取り組んだプロジェクトの一つが、「ART・GUSH（アートガッシュ）」です。美術の普及事業として、美術館の所蔵品30点を、現代クリエイター30組がリライト（再描画）したもので、和泉中央駅から美術館までの公園、大学、道路の壁面に描いていただきました。和泉市民や和泉市を訪れた方たちが、散策しながらアートに触れるという体験の中で、豊かさや潤いや喜びを感じていただければと思います。

ミュージアムタウン構想は、始まったばかりです。これからは、和泉発日本といえるような色々な発想で、和泉市を芸術のまちとしてブランディングしていきたく思っています。

第6章

新庁舎建替え

２０１１年3月に東日本大震災が発生してから、公共施設の耐震性が大きな問題となりました。和泉市役所も耐震性を測定したところ、震度5強で倒壊することが判明しました。

国は、すべての公共施設について、２０１５年度までに耐震基準を満たすことを努力目標としました。それで和泉市では、２０１３年までに小中学校の耐震化を行い、市役所についても建替える方向で検討が進んだのです。

ところが青葉はつが野小学校のマンモス化が顕在化し、議論を重ねた結果、小中一貫校を新設することになりました。小中一貫校の建設には大きな財政負担が伴います。財政シミュレーションの結果、学校新設と庁舎建替えを同時期に着手するのは困難となり、庁舎については、耐震化で10年間しのぐ方向に舵を切り直しました。

ところがその耐震化を行うための費用を試算すると、21億円であることが判明し、さらに10年寿命を延ばす長寿命化を実施すると、それに加えて10億円必要となり、事業費が合計31億円となります。また耐震化を行うと、庁舎を補強するための柱を入れますので、床面積が狭くなります。現状でも手狭なのにさらに職場環境が悪くなってしまうのです。

20年間持たせるのに31億円も費用を要するのであれば、65億円（当初の積算価格）かけて全面建替えする方が、明らかに費用対効果が上です。それでもう一度舵を切り直して、建替えでの検討を進めることになりました。

国から示された努力目標では、2015年度までにすべての公共施設の耐震化をするとありましたが、最終的に建替えの方針が決定したのが2013年でしたので、建替えを2015年度までに完了することは困難です。それでじっくりと建替えに向けての検討を進めていくことになり、それなら庁舎の建設場所についても議論すべきではないかということになりました。

そういう中で現地だけではなくて、現地以外の候補地もいくつか挙げました。和泉市立病院跡地、和泉中央駅付近の住宅展示場跡地などが候補に挙がり、最終的に住宅展示場跡地と現地が候補地に残りました。

議会でも意見が分かれ、和泉中央に移転すべきであるという意見の方が、多数を占めました。和泉市の最上位計画である総合計画の中では、和泉市内の地域を北部、北西部、中部、南部と分けて、それぞれに行政のコミュニティの拠点となる施設を建設するとしており、和泉中央駅周辺は新都心として発展することが見込まれていたので、和泉シティプラザという複合施設を2003年に建設しました。この施設は6つの機能を有した非常に立派な施設です。整備費も150億円近くかけて、そこを中部地域のコミュニティの拠点にしていこう、和泉市の新都心のシンボルにしていこうと位置付けられています。市としては、北西部地域のコミュニティの拠点として、和泉市役所を現地に残すべきであると、当初の計画通り現地建替えとしました。ところが議会から、市役所は市民の方々の施設だから、住民投票を実施して市民の意見を聞くべきとのことで、住民投票条例が議員提案で上程され可決されました。

住民投票を実施するにおいて、市が住民投票についての情報を市民の方々に説明しなければなりません。私が先頭に立って住民投票について小学校区ごとに住民説明会をしました。ただし庁舎移転については、議員の3分の2以上の同意が必要と地方自治法で定められています。そのため議員に決定を委ねる議会の採決も市民に委ねる住民投票も条件は同じであるとの考えから、住民投票についても3分の2以上を移転の判断基準としました。

市民説明会でもそのように説明したところ、和泉中央に移転すべきとする市民の方からは、かなり厳しい意見がありました。「3分の2の基準は、おかしいではないか、それだったら現地建替えの場合も3分の2以上にすべきじゃないか」「多数決は民主主義の原則ではないか」などの意見がありました。私は大学院で、地方行政について研究し、住民投票をテーマに修士論文を執筆しました。自治体に直接アンケート調査を依頼して、それを一次資料にして住民投票について修士論文を書きましたので、住民投票については一定の知識を持ち合わせています。

多数決については、多数派が数に任せて、一方的に少数派の意見も聞かず、物事を進めていくと、独裁政治になりかねない。やはり少数の意見も尊重しながら、多数派が物事を進めていくことが大切です。政治は妥協と協調の産物です。妥協という言葉はあまり良い意味で使われていませんが、お互いに尊重し合う中で一つの答えを導き出すという意味です。決して中途半端に結論をうやむやにすることではありません。そういう説明を、私が前面に立って行っていました。職員の中には、選挙も近いので、あまり前に出ないで、市長が傷を負わないようにしてくださいと忠告するものもありました。しかし私には、住民投票については、和泉市役所の中で、一番理解しているという自負がありました。ここは、私が腹を決めて、挑まなければ前に進まないと思っていましたので、ブレないで、どれだけ叩かれてもどれだけ傷を負っても、最前線に立って説明していこうと、住民投票の説明会を行いました。

住民投票の結果は、現地建替えと和泉中央移転が、48対52となりました。３分の２以上が和泉中央移転を選択しなければ、現地建替えと判断することを事前に伝えておりましたので、現地建替えと結論付けました。しかし議会は住民の半数以上が中央への移転を望んでいるのだから和泉中央に移転すべきだと、和泉中央への移転条例案を提案しました。そして議会での採決の結果、3分の2以上の議員の同意が得られなかったので、現地建替えと決まりました。

議会の半数以上が、和泉中央への移転派という議会構成ですから、その後の現地建替えに向けての取り組みは、相当苦戦するだろうと思われました。しかし議会と意見がぶつかるところはありましたが、信頼関係ができていましたので、方向性が決まれば、課題をみんなで解決しながら、前に進めていこうじゃないかとなりました。中には反対のための反対をする議員もいましたが、大多数が是々非々で、議論はするけれども方向性さえ決まれば、しっかりと進めていこうということで、設計費や用地買収費についても、可決していただき、現地建替えに向けて様々な課題を抽出し、それを解決しながら取り組みが進みました。

庁舎建設場所は、現地に決定しましたが、現地建替えについての議会からの条件が庁舎と駐車場の借地解消でした。和泉市役所の敷地の約3分の2と駐車場の全面が借地で、これまで60年以上、借地使用料を払っていました。計画としては、庁舎の建っている場所の借地解消を行って、西側の駐車場の借地はお返しして、庁舎と同じ敷地内に立体駐車場を設けて借地をなくしていこうというものです。

地主さんたちにしてみれば、寝耳に水の話です。和泉市役所の地主さんたちは、土地を他

竣工式でテープカット

にも所有している方たちで、先祖からずっと引き継いできたものを自分の代で手放すことに抵抗を持たれていました。そんな中での借地解消ですので、なかなか難しいわけです。しかし庁舎の現地建替えの条件が借地解消なので、それが実現しないと、またゼロから庁舎の建設場所を議論しなければなりません。このような状況の中で、和泉市役所の担当者も、この北西部地域のコミュニティの拠点、また和泉市の災害拠点となる庁舎を一日も早く建てたいと、何度も何度もお時間を頂いて、足を運び、最終的にすべての地主さんから用地売買のご同意を頂きました。

それから基本設計また実施設計と進んでいくのですが、基本設計の段階では、東京オリンピックの開催が決まり、東日本大震災の復興事業が長期にわたっていましたので、建設事業者がそちらに取られて、庁舎の建替えに興味を示してくれる設計事務所が少数でした。公募型プロポーザル実施要領を公表して、事業者募集を開始したのですが、最初は興味を示していた事業者が最終的にすべて辞退してしまい、募集を中止せざるを得なくなりました。その後、参加資格要件や実績の評価方法を見直し、再募集を実施しました。その結果、３社から応募があり、選考により基本設計と工事の進行管理は、東京オリンピック２０２０が開催された新国立競技場を設計した梓設計事務所に決定しました。

基本設計の次は実施設計を発注するのですが、建設事業者の技術を生かし、工期を短縮するため、実施設計と建設を同じ業者に発注するデザインビルド方式という発注形式を採用いたしました。この発注形式は、入札金額だけではなく、技術レベルの優劣も審査し、総合的な評価により決めていくという形式です。その選考の結果、淺沼組、深阪工務店、綜企画設計の共同企業体に決定しました。

それから実施設計、そして建設に着手しました。幸い天候にも恵まれ、その間に新型コロナウイルスの感染拡大がありましたが、現場でのクラスター発生もなく、工事が着々と進み

いずみ広場にて

ました。そして新庁舎本体は2021年3月末に完成し、4月から備品などが搬入され5月の連休に引っ越しが完了し、ゴールデンウィーク明けに新庁舎を開庁することができました。

私は、下手の横好きで書をたしなんでおり、知人の選挙の時は自筆の為書きを送りますし、座右の銘を掛け軸にして市長室等に掛けています。

それを見た職員から依頼を受け、新庁舎の「定礎」の文字を書かせていただきました。他にも、新設した公共施設の「フチュール和泉」、「和泉市立総合医療センター」、「和泉市消防本部」の定礎も私の書が使われています。いずれも私にとって、生涯忘れられない思い出であり、とても名誉なことだと感謝しています。

新庁舎の開庁後は、1号館や2号館、八角堂を撤去し、レストランとコンビニエンスストアのあるイズミテラスと立体駐車場の建設に着手し、２０２３年1月にグランドオープンを迎えました。

立体駐車場建設では、地下水の関係で当初設計の見直しが必要となるなどのハプニングもありましたが、課題や障害が発生する度に、全庁一丸となって解決に取り組みました。

62年ぶりの新庁舎完成は、和泉市の新たなスタートとも言えます。庁舎は、災害時、最も重要な防災拠点となります。これからも災害に強い安心安全のまちづくりの拠点として機能する役所になるよう、ハード面だけでなく、ソフト面でも充実させたく思っています。

第7章

小中一貫校

2014年、和泉市はつが野の宅地造成が進んだことで小中学生が増え、和泉市立青葉はつが野小学校と和泉市立南池田中学校が、将来、教室数が不足することが判明しました。人口推計では、青葉はつが野小学校で、最大時、児童数が1600人となる予測でした。児童数1000人を超えると過大規模校となり、教育の質に支障をきたすと言われています。しかしその当時、市は、隣接している和泉中央消防署建設予定（当時）の用地までグラウンドを拡張し、グラウンドにプレハブ教室を建設して、対処する予定でした。

私は、そのような場当たり的な対策で、子どもたちの大切な成長時期を、プレハブ教室で過ごさせることがあってはならないとの考えから、抜本的な見直しを指示しました。トリヴェール和泉東部地区、つまり青葉はつが野エリアは、UR都市機構の宅地開発の当初計画では、小学校1校、中学校1校を新たに建設する予定でしたが、その計画は手付かずでした。小中学校各1校までは必要ないですが、小中半分半分の施設であれば、ちょうど収まるのではないかとの発想から、施設一体型の小中一貫校を検討することになりました。

当時、和泉市では中一ギャップを解消して、切れ目のない教育を実現するため、中学校区ごとに小中学校の児童生徒や教師の交流を行う小中一貫教育を進めており、そのモデル校にもなります。そこで平素より懇意にしていた倉田箕面市長（当時）が進めている、新興住宅地域での施設一体型小中一貫校を参考にさせていただくため、「とどろみの森学園（愛称）」を視察させていただきました。この学校は、大阪府の公立学校で、初めての施設一体型の小中一貫校です。

体格があまりにも違う小学校1年生と中学校3年生が、同じグラウンドで遊んでいたら重大な事故につながるなどの様々な課題が指摘されていたようですが、ほとんどの課題は、取り越し苦労だったようです。非常に良好な教育環境の下、切れ目のない教育が実施されているることが実感できましたので、はつが野地区に、小中一貫校を建設する方針を固めました。

そこで同時に課題となっていたのが、隣接する南松尾中学校区の少子化対策でした。南松尾中学校区は、1小学校1中学校の校区ですが、校区のほとんどが市街化調整区域で少子化が進んでおり、1学年が20人以下で、小学校に入学してから中学校を卒業するまでクラス替えが行われない小規模校です。少人数学級なので、非常に細やかな教育を提供できるのですが、気心の知れた友達とずっと一緒の環境なので、高校に進学した時、新たなクラスメイトとの交流に上手く対応できないといった課題がありました。

そこで隣接している南松尾中学校区と新しい小中一貫校区を統合してはどうかという意見が浮上してきました。しかし学校の統廃合は、通学経路変更の問題や卒業生の廃校に対する反発などが危惧される非常にデリケートな行政課題であり、私にとっては、政治生命に関わる問題でもありました。

後に教育長をお願いすることになる小川氏に南松尾小学校の校長として、地元対策に当たっていただきました。地元では、卒業生を中心とする高齢者は、学校の廃校に反対で、子どもさんを学校に通わせる保護者の方たちは、新設校への移転統合を希望していました。つまり地域の意見が真っ二つに割れてしまったのです。住民説明会を行い、意見を集約する努力をしましたが、どうしても折り合いがつかず、地元住民さんの意見を尊重して、校区編成を行うこととしました。そこで最終的な判断を地元町会役員に委ねたところ、返ってきた答えは、地域を二分するような判断は避けたいとのことでした。それで判断を行政に委ねるということになり、はつが野に建設予定の小中一貫校に移転統合とさせていただきました。

学校を廃校にすると、地域コミュニティの拠点がなくなり、地域のつながりが希薄になることが懸念されますが、地元住民の方々のご理解を頂き、南松尾小学校跡地は地域の老人集会所として生まれ変わり、現在では、高齢の方々だけではなく老若男女が集う地域コミュニティの拠点となっています。

はつが野にできた小中一貫校は、国が新たに制定した義務教育学校の制度で整備され、南

南松尾はつが野学園

松尾はつが野学園と命名されました。小学校1年から4年までをファーストステージ、小学校5年から中学校1年までをセカンドステージ、中学校2年と3年をファイナルステージとした途切れのない教育を実現しています。新しい制度での教育が好評を博し、想定していた規模では児童生徒を収容できないほど、この校区に子育て世帯が移り住んできて、開校間もない時期に1学年1クラス、全校で9クラス分の新校舎を増築することになりました。

南松尾はつが野学園の新築により、子育て世帯が居住地域を選択する上で、いかに教育環境が、重要視されているのか痛感しました。

現在、少子化が進んでいる槇尾中学校区と富秋中学校区では、２０２５年に槇尾学園、また

2027年に富秋学園の開校をめざし、施設一体型小中一貫校の新築に取り組んでいます。

すでに開校している南松尾はつが野学園では、コミュニティスクールのモデル実施など新たな取り組みを進めてきましたが、これから開校する2校の義務教育学校でも、これまでにない新たな取り組みによって、魅力ある教育の実施をめざし、多くの子育て世帯を呼び込みたく思っています。

第8章

ホテル誘致

和泉市の最上位計画である総合計画は、現在第5次計画を進めていますが、約50年前に策定した第1次計画から、地域資源を活用しての来訪促進が課題となっていました。しかし来訪者が宿泊するホテルがないため、昔からホテル誘致が課題でした。

私が市長に就任してからも、UR都市機構にホテル誘致を要望してきましたが、一向に建設の動きがありませんでした。そこで、人頼みでは埒《らち》が明かない、自らが率先して行動するしかないと一念発起し、ホテル誘致について、まったくの素人でしたが、手探りで誘致を始めました。

先ずは、ホテルニューオータニ大阪の誘致に携わったコンサルタントを紹介していただき、シティホテルを誘致するには、どのような条件整備が必要か聞き取りを行いました。コンサルタントの担当者によると、大阪市内の商業施設周辺であれば、ホテルが直営で進出してくる可能性もあるが、衛星都市である和泉市の立地条件から判断すると、土地は行政が無償貸与し、建物は地元の資産家が建設して貸与すれば、検討の余地はあるとのことでした。つまりいつでも撤退できる体制を整えてくれるのならば、検討しても良いというものでした。いくらホテルに来てほしいと言っても、そんなリスクを冒してホテル誘致はできません。

そのような経験から、和泉市の置かれている現実を痛感した私は、地道に誘致活動をするしかないと考え、ホテルの店舗開発の部署に、直接アプローチをかけようと、先ず、全国展開を積極的に行っている「アパホテル」にターゲットを絞りました。

ホテルの担当者と折衝するため、アパホテルの元谷代表が開催されている「勝兵塾」という勉強会に参加し、何度か講師もお引き受けしました。そのようなことを続け、ある程度関係が構築できた段階を見計らって、ホテル誘致を持ちかけたところ、店舗開発の担当者が和泉市を視察してくれることになりました。

和泉市が所有している土地ではないのですが、いくつかホテル建設にめぼしい候補地を紹介しました。地主さんから土地の仲介を頼まれてもいないのに、勝手に土地を紹介しているのですから、ちょっと無茶な気もしますが、行動あるのみという感じでした。そんな中で、この場所なら建設しても良いという物件があり、地主さんにアパホテルの担当者を紹介して、話を進めていただきました。しかしこの物件については、地主さんが総合的に判断し、違う業種に土地を賃貸されました。

そのように「犬も歩けば棒に当たる」方式で、なりふり構わずホテル誘致をしていたところ、日頃から懇意にしていただいている九度山町の岡本町長から、「ルートインジャパンの永山会長は、ホテル出店に際し、その都市の首長の資質を条件に挙げているので、辻市長を

ホテルルートイン大阪和泉―岸和田和泉インター

気に入ったら出店してくれるかもしれない」とアドバイスを頂きました。にわかには信じられませんでしたが、ここでも当たって砕けろの意気込みで、早速、ルートインジャパンの品川本社に連絡し、面談の約束を取り付けました。

面談当日、永山会長に和泉市のことを説明し、候補地に久保惣記念美術館前の敷地を、こちらも地主さんの断りもなく紹介しました。永山会長も「ここなら」ということで、早速、次の週、視察にお越しいただけることになり、私が現地案内をさせていただきました。

永山会長からはゴーサインを頂き、喜び勇んで、地主さんに土地の賃借をお願いしました。しかし種々の事情で賃貸の話は、合意には達しませんでした。しかしここで、永山会長とのご縁ができ、是非、和泉市に出店したいと言っていただき、候補地を探していたところ、「ららぽーと和泉」の向かいの土地が良いということで、土地を所有しているＵＲ都市機構とも交渉し、ホテル用地として募集していただくことになりました。

またそれに先行して、ホテル誘致に成功している自治体の調査を行っていました。その中で、ホテル誘致に成功している自治体は、かなり思い切ったホテル誘致条例を制定していることがわかりました。和泉市でも、すぐにホテル誘致条例を制定したかったのですが、予算を伴うことなので、慎重に議論しなければなりません。そこで外部評価委員会を立ち上げていただき、ホテルの必要性についての是非をご議論いただきました。

外部評価委員会には、和泉商工会議所、桃山学院大学、テクノステージ和泉まちづくり協議会、トリヴェール和泉西部ブロック協議会から委員を出していただきました。議論の結果、和泉市には優遇策を講じてでもホテルを誘致する必要があるとの答申を頂きました。

早速、ホテル誘致に成功した兵庫県小野市のホテル誘致条例を参考にさせていただき、議会に諮って条例を制定することができました。その後、類似の条例が泉佐野市でも制定され、泉州地域でホテル誘致のうねりを起こせたと、うれしく思っています。

そしてＵＲ都市機構の事業者募集の結果、ＵＲ都市機構のホテル用地の賃貸先がルートインジャパンに決まり、ホテル建設もスムーズに進んで、念願のホテルのオープンを迎えることができたのです。駅から離れているので、稼働率が心配されましたが、かなり好調な滑り出しで、あっという間に軌道に乗ったとホテルサイドから連絡を頂きました。

ルートインジャパンは、一つの自治体に1軒という決まりのようなものがあり、2軒以上

ホテルルートイン大阪和泉府中

上田市にある永山会長のご自宅で

建てないという方針です。しかしどういうわけか、永山会長が、１号店のオープン時より和泉市には２軒建てると明言されており、実際、和泉市立病院跡地にもルートイン大阪和泉府中をオープンしていただきました。こちらも駅から１キロ近く離れているのですが、オープン当初から順調に稼働していました。駐車場を拝見すると、和泉ナンバー以外の車がほとんどで、郊外の立地で展開しているルートインジャパンのノウハウが生かされているのを感じました。

和泉市にとりましては、観光客の来訪促進はもとより、災害時の宿泊施設としても、大変心強い存在です。

永山会長とは、公私ともに親しくお付き合いさせていただき、長野県上田市にあるご自宅にもお招きいただきました。本当に人と人のご縁の不思議さを感じずにはいられません。このご縁を結んでくださった九度山町の岡本町長には、心から感謝を申し上げます。

第9章

人事給与制度改革

市長に就任して行財政改革計画「和泉再生プラン」を作りました。そのプランの柱は、財政健全化と人材育成、まちづくりの3本です。厳しい財政健全化に取り組みながら、それと並行して、公共施設の整備や人事制度の見直しを行いました。しかし人事制度については、給料表のわたり制度の廃止や特殊勤務手当の廃止程度で、抜本的な見直しまでには至りませんでした。

その後、策定した「躍進プラン」でも、人材育成を最重要課題の柱の一つとして、頑張る職員が報われる人事給与制度にしようとしましたが、なかなか思うように進みませんでした。２０１９年に策定した「人事給与制度改革基本方針」でも、肝心の給料表の改定については「必要性を検討」というだけでした。有能な職員を人事担当に就けているつもりでしたが、誰がなっても「検討」です。

このままでは埒が明かない、背水の陣を張り、逃げ場をなくすしか、「検討」から脱却できないと決心し、外部から強力な助っ人に入っていただき、諮問機関を作ることにしました。その委員については、私の信頼できる方々に依頼し、組織づくりを進めました。

人事給与制度を改革するとなれば、国や府を相手にしなければなりません。他の市町村にも影響が出ることですので、国や府から色々と指摘が入ります。それに耐えうるだけの知識

懇話会委員と庁内スタッフ

を持った方や実績がある方に、後ろ盾となっていただき進めていくことができれば、私にとってもまた担当職員にとっても、すごく励みになります。

そのような観点から、先ず初めに白羽の矢を立てたのは、公務員制度において国の諮問機関の座長などを歴任されてきた早稲田大学政治経済学術院教授の稲継裕昭先生です。稲継先生には、私が大阪市立大学（現大阪公立大学）の大学院で公法学を学んでいた時、地方自治論等についてご教授いただき、修士論文の執筆でもご指導いただきました。そのようなご縁があり、稲継先生から快くお引き受けの返事を頂きました。

次の一人は、和泉市が参考にしている人事給与制度を約10年前に策定した箕面市元市長の倉田哲郎さんです。倉田さんとは、私が市長に就任した当初から親しくなり、かれこれ20年近くお付き合いしていただいています。

最後の一人は、湖南市元市長の谷畑英吾さんです。谷畑さんは、私が全国市長会の行政委員会委員長をしていた時に、様々な課題を解決するため、良き助言者として、随分助けていただきました。特に議論が行き詰まった時や、一方向に暴走しそうな時などに、その場の空気を変えてくれる不思議な力を持っている方です。

外部有識者という形で、現場を知っている首長経験者に入っていただけたことは、制度改正を進める職員が一歩を踏み出す上で、大きな意義がありました。経験者の暗黙知みたいなことを聞かせていただけるので、制度改正に向けて、不安と背中合わせでも進めていけたのだと思います。組織については仰々しい名称はやめて懇話会とし、進め方も事務局案を出して、それに委員さんからお墨付きを頂くような形式ではなく、給与制度、評価制度、研修制度、採用試験など項目ごとに、委員さんから自由に意見を出してもらい、懇話会後、事務局がそれらの意見を集約して、次の懇話会でご確認いただくという進め方をしました。そうすることで、ゼロベースから積み上げた斬新な制度案に練り上げることができました。

そのような懇話会を月に2回のペースで行い、全部で12回開催しました。3人の有識者にはすべての懇話会に出席いただきました。私も全部出席し、人事担当者も全部出席という、かなり密度の濃い懇話会になりました。

従来、私が感じていた人事給与制度の課題点は、「頑張る職員が正しく報われていない」という点でした。上司と部下の給料の逆転や、評価する人間の能力に左右される評価制度等、解決すべき問題点が山積していました。

従来の人事給与制度では、国の制度との整合性を過度に求められてきたがために、頑張ろうとする職員を抑えてきたような状況にありました。頑張らなくてもそれなりに昇給していって、生活は守られていましたので、頑張る職員にインセンティブがききにくくなっていました。言い換えれば働きにくい制度になっていたのです。

具体的に示すと、人事委員会がない自治体は、国家公務員の給料表がベースになっているので、係長から課長補佐に上がっても、給料月額の最高到達点が１万円くらいしか変わりません。管理職手当をもらっても、時間外手当がなくなるので、むしろ収入が減るという現象が起きてしまいます。もっと言えば、係長にならなくても月額35万円まで給料は上がり、年収では６００万円を超えますし、期末勤勉手当（ボーナス）も５％の役職加算が付くのです。こんな制度だから、頑張らないのではという職員アンケートの意見もありました。

この人事給与制度改革について、マスコミでは、初任給を全国一にしたことが、クローズアップされました。この内幕を申し上げますと、制度設計で初任給を決める時、和泉市の初任給の大阪府内ランキングをチェックすると、33市中26番目でした。人事担当から、せめて平均まで引き上げたいとの提案がありました。そこで平均と最高額との差はどれくらいか調べると2万円弱でしたので、最高額まで引き上げるよう指示したのです。そうしたところ大阪府内の最高額は、全国一だったので、和泉市が全国一になってしまったということです。懇話会でも「どうせやるなら全国一だ！」ということで、決定したのです。しかし本市の人事給与制度の特筆すべきところは、それだけではありません。

先ず、人事評価の中でも評価者が磨かれていく制度を導入しようと、多面評価の導入や研修制度の充実に焦点を当てました。また管理職以外の人材育成においては、国の省庁とか大阪府などの外部組織への出向を奨励し、地域貢献に資する副業も許可しました。また、色々な人間としての幅を作ってもらえるような取り組みに奨励金を出すなど、自分磨きができる人事制度にしました。初任給を上げて、最初から良い人財を採用する努力も大切ですが、採用してから職員をいかに育てていくかというのが、一番の肝だと思います。

しかし一方で、頑張れなかった職員や頑張ったけど結果が出せなかった職員は報われないという側面もあり、人事給与制度改革に反対の意見もありました。でも、それは違うと思います。何でもそうですが、不安を見て足踏みするのではなく、希望を見て一歩を進めなければ、物事は前に進みません。そういう意味で、勇気を持って大胆な一歩を踏み出すことができたと思います。

人事給与制度改革を進めていく上で、最も高いハードルは労働組合との交渉でした。組合交渉については、最初から最大限の誠意を持って説明し、組合の要求にもこちらから歩み寄れる内容なら、歩み寄っていこうという真摯な姿勢で対応しました。

妥協する姿勢を全く示さずに進めて、最終的に法に委ねることになり、その時に不誠実な対応と判断され、裁判に負けてしまったら、積み上げてきたものが元の木阿弥になってしまいます。誰が見ても、誠意を持って折衝していると評価していただけるようにしなければなりません。

組合交渉については、形だけの不誠実な交渉ではなく、できる限り合意に漕ぎつけたいと思って真剣に取り組みました。例えば、懇話会や議会に対して示していた条例案を提示するスケジュールについても、組合との交渉期間が不十分ということで延長しました。

最終的には、現給保障を退職までやるということで、二つある組合の一つと合意に漕ぎつけることができました。

それともう一つの高いハードルは議会ですが、こちらは追い風でした。一部の議員には、かなり前から関心を持っていただいていました。箕面市の人事制度を参考にしてやるべきという議員もいましたし、それに賛同する議員もいて、前向きな議論ができました。結果的に、議案の採決では賛成21、反対2で可決していただくことができました。

和泉市の人事給与制度改革は、スタートしたばかりです。完璧なものができたとは思っていませんし、まだまだ手直しが必要だと思います。その時は、躊躇《ちゅうちょ》せず、アジャイルに形を変え、さらに進化させたいと思っています。

自分で自分を磨こうと思っている職員が、輝ける職場づくりをめざすと共に、「和泉発日本」を合言葉に、和泉市からこの人事給与制度が全国に広がっていくよう更なる改善に励んでまいります。

第10章

徒然

4つの目

政治家にとって大切な資質に洞察力とバランス感覚があります。重要な決断を行う時、物事を正しく見極める必要があるからです。

そして物事を正しく見るためには、4つの目が必要です。

先ず1つめの目は、「虫の目」です。虫のように地を這いながら、最も近い所から細部にわたって隈なく観察する目です。三現主義という考え方をご存知でしょうか。「現場」「現物」「現実」の3つの「現」を大切にし、実際に物事が行われている現場や現物を間近で見極め、現実を肌で感じ、課題を解決するのです。踊る大捜査線の青島刑事の名セリフ「事件は会議室で起きてるんじゃない！　現場で起きてるんだ！」が正にそれです。

2つめの目は、「鳥の目」です。大空を飛びながら高い所から様々な角度で全体を把握する目です。インドの寓話で、盲人が象の一部を触って、その正体を突き止めようとした「6人の盲人と象の物語」があります。1人目は象の鼻に触り、「象とは蛇のようなものだ」と言いました。2人目は象の耳に触り、「象とは団扇《うちわ》のようなものだ」と言いました。3人目は象の足に触り、「象とは木の幹のようなものだ」と言いました。4人目は象の胴体に触り、「象とは壁のようなものだ」と言いました。5人目は象のしっぽに触り、「象とはロープのようなものだ」と言いました。6人目は象の牙に触り、「象とは槍のようなものだ」と言いました。盲人たちは、それぞれ象の鼻や牙など別々の一部だけを触ってその感想について語り合っています。どれも間違ってはいないのですが、真実とはかけ離れています。物事を部分的に見るだけでは、正しい判断ができません。

3つめの目は、「魚の目」です。泳ぎながら鱗に感じる水の流れを読むように、研ぎ澄まされた感性により時の流れを読む目です。今どのような時流なのか、次にどのような流れに乗って行けばいいのかという潮目を読むことは、先行きが不透明な時代においては、時代をリードする上で欠くことのできない能力です。

この3つの目で、物事の本質的な情報は、ほぼ把握できますが、最も大切な目が、4つめの物事の真実を見抜く「心の目」です。ある植物学者が、人間と植物に共通する法則があると説いています。それは、嵐が来ても干ばつが来ても枯れない本物の木は、地面から上の幹が5メートルだったら、地面から下にその3倍、15メートルの根を張っている。人間も同じで、本物は目立とう目立とうとはせず、どんな艱難《かんなん》辛苦があろうとも、じっと我慢して、目に見えないところに深く根を張ろうとします。そのような経験を積み重ねていく中で、心の目が培われていくそうです。政治家は人に選ばれなければ、身分を守れないので、人に注目されなければなりませんが、奇をてらった発言や目立つ行動で注目されるのではなく、内から醸し出される存在感で一目置かれるようになりたいものです。

ゴミ拾い

ＭＬＢのロサンゼルス・ドジャースの大谷翔平選手は、ＭＬＢの歴史を塗り替える素晴らしい活躍をしています。そんな大スターの大谷選手が、普通にゴミ拾いをします。そのような真摯な姿が野球ファンだけではなく、多くのアメリカ人からも共感を持たれているのです。

私も市役所や自分の家の周りのゴミ拾いをしています。私が、ゴミ拾いを始めたのは、早朝、駅に立って、街頭演説やまちづくりレポートを配っていた２００６年頃からです。和泉中央駅のバスターミナルに立って、周りを見るとゴミだらけでした。気になりましたが、駅立ちを始めた最初の頃は、ゴミ拾いをしていませんでした。

なぜかというと、偽善者に見られるような気がして、一歩が踏み出せなかったからです。しかし、配っているまちづくりレポートに和泉市のまちづくりや仕組みづくりについて、あれこれ書いているのに、自分が立っている目の前に落ちているゴミも見て見ぬふりをしていては、説得力に欠けます。人にどう評価されようと関係ない。ゴミを一つでも拾ったら、まちは確実にきれいになるのだから、それだけでいいのではないかと自分を納得させ、駅で街頭活動する前には、必ずゴミ拾いをするようにしました。

休みの次の日には驚くほどたくさんのゴミが散乱していることもありました。そんなゴミを人目を気にせず、黙々と片づけます。そうすると駅前の広場が本当にさっぱりして、自分の気持ちもすっきりします。

週に１度の近隣清掃

昔、ゴミを拾うと幸せが訪れる。しかしゴミを拾うところを人に見られては効果がないから、早朝にしなければならないというようなことを本で読んだ記憶があります。善行は人知れずしなければ、偽善になるということです。

実際、まだ辺りが真っ暗な早朝にジョギングしていた時、暗闇の中で和泉中央線の中央分離帯を掃除している女性を見かけたことがあります。人知れず善行を行っているいい例かもしれません。

そういう姿勢も素晴らしいですし、掃除をすることによって人間が磨かれていくということもあると思います。しかし、まちが少しでもきれいになっていく、それだけで掃除というのは価値があり、だから大々的な清掃活動をしなくても、吸い殻一つ拾うだけでいいのではないかと思っています。

そう思っているので、今でも週に1度は、自宅の周りの道路を掃除しています。また和泉市では市役所の職員が、月に1度、市内5つの駅の周りを掃除しているのですが、たまに参加しています。

誰に見られていようが、また見られていまいが、どんな評価をされようが、関係ありません。ただまちが美しくなるだけで、さわやかな気持ちを味わえるだけで、とても得したように思えます。そう思うとゴミ拾いしないと損ですね。

趣味のランニング

私の趣味の一つがランニングです。60歳を超した今でも、毎月100キロくらい走っています。早朝、自宅の横を流れている松尾川の川沿いの道で、マガモやシラサギなどの野鳥や水面に映る光を見て、無心に走っていると、とても気持ちが良いです。

たまに和泉中央駅近くの中央公園まで走るのですが、片田舎に住みながらアーバンライフ

池上曽根史跡公園をランニング

を満喫しているようでワクワクします。何せ、中央公園は英語でセントラルパークです。実際、公園の標識に“central park”と表示されているのですから、「ここはニューヨークか」って、笑ってしまいます。

　私は、生活と芸術が溶け合ったニューヨークのまちが大好きで、これまで3度訪れました。行った時は、必ずセントラルパークをランニングするのです。広大なセントラルパークは、都会のど真ん中なのに、野生のリスや小鳥がいます。和泉市のセントラルパークにも、いつかリスや小鳥が集うようになればなぁと思っています。今ではランニングは、私の生活に欠くことのできない習慣となりました。

そんな私ですが、子どもの頃は、走るのが大嫌いでした。私が通っていた小学校では、毎月、全学年同時に行う校内マラソンがありました。小学校の正門からスタートして、近所の遊歩道を走って帰ってくるコースです。1周1キロメートルあり、1年生から4年生までは1周、5年生と6年生は2周走ります。それで順位をつけ、体育の成績にも反映されるのですが、いつも先生の目を盗み、一番後ろで歩いていました。

小学校の高学年の頃、身長は学年で一番高く筋肉質でしたので、スポーツは全般的に得意でした。小学校6年生の時は、市主催の陸上競技大会の走り幅跳びで優勝し、学校代表のリレー選手にも選ばれていました。短距離走だったら小学校男子でトップレベルでしたから、長距離もそれなりに走れたと思います。しかし長距離走は大嫌いで、いつもワースト5、それが自分の実力だと思っていました。

ところがある時、担任の先生から「体も大きいし、体力あるんやから本気出したら、絶対早く走れる。真面目に走ってみろ」と言われました。面倒くさいなあと思いましたが、まぁ一度真剣に走ってやろうと、走ったらなんといつもワースト5だった私が、ベスト5に入ることができました。それでもやっぱり長距離は嫌いで、結局マラソン大会は好きにはなれませんでした。

そんな私が、自分から進んで走るようになったのは、大学を卒業して就職した頃です。勤務先が東京で、住まいが会社の社宅がある横浜となりました。貧乏学生だった私は、自分の車を持つことができず、就職したら何とか自分の車を手に入れようと思っていました。しかし新入社員の安月給では、中古車さえ買うことは不可能です。そこで目を付けたのがバイクです。バイクで横浜の生活を満喫しようと、２５０ccのバイクをローンで買い、湘南とか箱根をツーリングして、休日を楽しんでいました。

バイクを安全に運転するには、体の柔軟性や筋力が必要とされます。走行中、周りの状況の変化に対応するためには、瞬間的な動作が求められるからです。バイクの本に、日頃からジョギングやストレッチをして、体づくりをしなさいとありました。長くなりましたが、バイクを安全に乗るためというのが、走り出したきっかけです。

その後、会社を辞めて実家に帰り、1年後に子どもを授かり、ジョギングから遠ざかっていましたが、30歳を過ぎてジョギングを再開しました。走りだすと走る目標が欲しくなって、友達と集まった時、10マイルマラソンに出ることを提案しました。武庫川の河川敷16キロを走るランニング大会です。河川敷なので、コースは非常にフラットです。そこからフルマラソンへと発展していきます。

ある時、友達との飲み会で盛り上がり、できそうにもないことにチャレンジしようということになりました。私がウェアとシューズだけで手軽にチャレンジできるフルマラソンを提案しましたが、賛同してくれたのは、元陸上部の友人一人だけでした。それで二人でフルマラソンにエントリーすることになったのです。

初フルマラソンは、1991年11月に開催された第1回の福知山マラソンです。元陸上部の友人と二人でランニング誌を調べて、5カ月後に開催される福知山マラソンに決定したのです。

5カ月でフルマラソン挑戦は少し無謀なことですが、ランニングプランを立て完走をめざしました。ところがすぐに、私はその約束をすっかり忘れて、友人から「練習してる?」と聞かれて、思い出したのが9月でした。自分から誘った手前、止めるとは言い出せず、2カ月間で完走するための練習プランを立て直しましたが、結局、トータルで100キロ程度しか走れませんでした。

そして当日を迎えました。スタートから1キロ5分ペースぐらいで走り、20キロは1時間40分ぐらいで走れました。ところがそこからが地獄でした。20キロを過ぎた辺りから足首が徐々に痛くなりだし、25キロ走った頃は足のあちこちに激痛を感じ始めました。また足の裏のマメ対策を行っていなかったので、薬指や小指にマメができ、しかもそのマメの中にマメができるという二重のマメ状態になりました。足の裏の真ん中にもマメができて、もう足の裏はマメだらけです。

足の筋肉痛もあちこちに飛びます。最初、足首が痛くなってきて、このまま痛みがきつくなると走れなくなるかなと思っていたら、そこの痛みは取れて次は左膝が痛くなり、また次は右足の付け根に痛みが飛ぶといった具合です。これはとても走り続けることはできないと思いつつも、我慢して走っていると、不思議とその痛みが和らいでくるのです。なんか人生で困難に遭遇した時とよく似ているなと思いました。体のあちこちがガタガタになりながらも、諦めないで走り続けていると、最後はゴールできました。

そんな私の初マラソンのタイムは、4時間56分でした。今、思い起こすと、よく2カ月の練習で100キロ程度しか走らず、5時間の制限時間内で完走できたなと思います。前半の20キロをハイペースで貯金して、あとの22キロを苦しみながらも走り切ったという感じでしょうか。35キロぐらいの時は、もう走れないと思いましたが、あと7キロだ、今まで35キロ走ってきたのに、これを無駄にしたくないという気持ちが湧いてきました。あの電柱までとりあえず行ってみよう、そしてそこまで行ったら、次の電柱まで行ってみようの繰り返しでした。

それで最後の40キロ地点の関門までたどり着きました。4時間35分以内にその関門を通過しなければなりません。すぐ近くに見えている関門の係の人が「制限時間5分前」とか「3分前」とか言ってくれるのですが、足が痛くて思うように走れないのです。周りのランナーも同じで、中には足が突っ張って棒のようになっているランナーや頭を下げて腕をだらんとしたランナーなど、まるでゾンビの集団でした。

そんな状態で40キロの関門をクリアして、ゴールした時は体のあちこちが痛くて痛くて仕方ないのに、最後まで頑張れたことに対する感謝の気持ちが湧き出てきて、30分ぐらい涙が止まりませんでした。

そして帰路につきました。帰る途中に有馬温泉があるので、温泉に入り、キューっと冷えた美味しいビールを飲もうと、事前にホテルのレストランを予約していました。ところがとんでもない結果となりました。お風呂に入るには、湯船の段をまたぐのですが、足が痛くてそれができないので、風呂の縁から寝転がって入りました。

そして最も楽しみにしていた冷たいビールが、喉に引っかかって全く美味しくないのです。もうただただ喉が痛いだけです。気持ち良く完走して、達成感に浸り、美味しいビールで乾

泉州３市長によるフルマラソンガチンコ勝負

杯という計画は、無残に打ち砕かれてしまいました。初めてのフルマラソンは、思っていたように楽しめませんでしたが、本当に自分の人生で大きな経験となりました。その後、私が役員をしている泉州国際マラソンをはじめ10回フルマラソンを完走しました。

泉州国際マラソンは、関空を中心とした泉州地域の活性化を目的として開催されています。そこで千代松泉佐野市長と南出泉大津市長に、私から三市長のガチンコ勝負を提案したところ、二人とも快く引き受けてくれました。

二人とも筋金入りのスポーツマンです。千代松市長は、同志社大学の体育会系のアメリカンフットボール部に所属していました。南出市長も、浪速高校と関西学院大学でボクシング部に所属して、大学生の時は全日本選手権でベスト8になりました。

大手新聞で「市の命運を懸けて三市長が、ガチンコ勝負」という風に報道されましたので、和泉市役所では総勢100名の応援団ができました。100名の応援団が2班に分かれて、南海電車を乗り継ぎながら、ずっと私の先回りをして沿道で応援をしてくれました。涙が出るほどうれしかったのですが、もし完走できなかったら、次の日から役所に行けないというぐらいのプレッシャーでした。

結果は、千代松市長は4時間、南出市長は3時間半と素晴らしいタイムで完走され、私も何とか制限時間以内の4時間52分で完走することができました。三市長のガチンコ勝負では最下位でしたが、全員が揃って完走することができ、泉州地域の結束が更に強くなったのではないかと手応えを感じました。これからも9市4町が力を合わせて、関西国際空港を芯に泉州を盛り上げていきたいと思います。

一度しか触らない

市長という仕事は、年間を通してほとんど休みを取ることはありません。平日は、来客や職員との打ち合わせ、また決裁などの事務的な業務があり、夜は意見交換会や各種団体の例会に招かれ、家で夕食をとるのは月に2、3度です。そして何より、土日や祝日が忙しいのです。土日祝でないと人が集まれないので、スポーツの大会や演奏会、発表会、総会などが集中し、朝から晩まで休む間もなく様々な会合を掛け持ちしています。

自分の時間はどう取ればいいのかと思うぐらいの過密スケジュールですが、そんな中でも私は月に10冊以上の本を読んでいます。この13年の間で、年間200冊以上本を読んだ年もあります。

その時間を捻出するにはどうすればいいのか。色々な工夫をして時間を生み出すのですが、特に有効だと思っていることは、「一度しか触らない」ルールです。この習慣を身に付けると、一日の時間を何十分、何時間と節約することができます。

毎日、役所で行う決裁や公的または私的なメールは、その都度目を通し、すぐに処理し、必要であればその場で返事を送ります。優先順位をつけて、すぐできる処理を後回しにすると、逆に処理速度が遅くなり、何より仕事が溜まっている気がして、気分的にもイライラしてきます。また自分の都合だけで世の中が動いているのではないことを考えると、早い対応が人間関係を築く上でも大切です。自分本位の行動パターンは、日常のあらゆる行動に表れてきます。そして「あの人に頼んでも、なかなか答えが返ってこない」「行動にシャープさが欠ける」という評価につながるのです。そういう点で、すぐ、「心の矢印を相手に向けることが対処することが大切だと思います。

成功している人は、本当にレスポンスが早いです。どの方法でアクセスしても、すぐ対処してくれます。可能な限り時間を短縮して、最小限のエネルギーで処理しているのではないかと思います。

書類でもメールでも、読んですぐ返事を出すのが、内容を一番覚えているので、文章作成もスムーズに行きます。それをすぐに対処しないで時間が経過すると、もう一度読み返さなければなりません。それだけでも時間の無駄です。

一度触ったら、すぐ処理する。やるべきことに気づいたら、すぐ行動に移す。思い立ったらその日が吉日と思い、行動していくことによって、時間を捻出できるのではないでしょうか。

付録

和泉フィロソフィー

【はじめに】

この「和泉フィロソフィー」は、和泉市職員が業務を行う上で常に念頭に置き、意識してもらいたいことをまとめたものです。

心が変われば行動が変わる
行動が変われば習慣が変わる
習慣が変われば人格が変わる
人格が変われば運命が変わる

と言われています。

私たちの職場も同じであり、職員の心と行動が変われば、組織の風土が変わり、最終的に和泉市の未来が変わります。

日本一の市役所をめざし、先ずは職員の心と行動を変えるため、この「和泉フィロソフィー」を携行し、定期的に声に出して読み返してください。

【職員理念】
私たち和泉市職員は、
豊かな自然と可能性あふれるまち「和泉市」を誇りに
自らの資質向上に努め、互いに切磋琢磨し、市民との協働により
和泉市の発展と市民生活の向上のため、全力で職務にあたります

職員理念は、毎日の業務を行う上で、常時認識しておかなければならない、根本となる考え方、価値観を表すものです。

職員は、豊かな自然とあふれる可能性をもった和泉市を誇りに思い、日々、業務遂行能力と人間力の向上に励み、周囲の職員と共に成長し合える関係性を築き、事業実施にあたっては、公民協働によることを基本に置き、仕事の最大目的は和泉市の発展と市民生活の向上であることを認識し、常に全力を尽くして職務にあたらなければなりません。

【職場指針】

個々の強みやノウハウを集結し、創発的な職場をつくります

職員一人ひとりが組織に貢献できる強みやノウハウを持つこと、その能力が集結されることにより、組織として最大限の成果を出すことをめざしています。「創発」とは、組織の成果が、職員個々の能力の単純な合計でなく、計算を超えた相乗効果を生み出す現象のことを言います。

【行動目標】

私たちは、明るく挨拶をします

私たちは、報告・連絡・相談を徹底します

私たちは、整理・整頓・清掃・清潔・習慣（躾）を徹底します

挨拶は前向きで良好な人間関係を構築する基本です。

報告・連絡・相談は業務を効率的に進めるための仕事の基本です。

整理は不要なものを捨てること、整頓は物の置場を決めて配置すること、清掃は職場をきれいにすること、清潔は常にきれいな状態が保たれること、習慣（躾）は清潔な状態がルールとして守られることであり、この順番で達成されることにより、頭の中もクリアになり、生産性が高まります。

【和泉発日本を実現する7つの心得】

1　先ず一流をめざす

全国に先駆ける施策を実現するために、本来、めざすべきは超一流ですが、謙虚な姿勢をもって、先ず一流をめざすところからスタートすることとしました。

そして、私たちがめざす一流とは、個人としての一流ではなく、組織としての一流です。

組織とは、平凡な人間が集まって、非凡な成果を出すところにダイナミズムがあります。

つまり個人が一流でなくても、やり方次第で組織として一流になれるのです。職員各自が、一流をめざす気概と戦略戦術を駆使すれば、一流の成果を達成することができます。

2　夢・ビジョンを共有し方向性をひとつに

組織の中では、意見のぶつかり合いがあります。個性や考え方の違う人間が集まっているので当然のことですが、意見が違っていてもめざすところは同じでなくてはなりません。皆が出し合った意見を集約して、一つの方向に導いていくためには何が必要でしょうか。それは相手への配慮です。つねに心を向ける方向は自分ではなく、相手であることが求められます。

そして組織として進むべき方向を定めるためには、洞察力を向上させるための4つの目が必要です。1つめは、虫のように地を這いながら、最も近い所から細部にわたって隈なく観察する「虫の目」です。2つめは、大空を飛びながら高い所から様々な角度で全体を把握する「鳥の目」です。3つめは、泳ぎながら鱗に感じる水の流れを読むように、研ぎ澄まされた感性により時の流れを読む「魚の目」です。そして最も大切な目が、4つめの物事の真実を見抜く「心の目」です。この4つの目を持ち、しっかりと組織を導いていかねばなりません。

3　失敗を恐れない

ここで言う失敗は、不注意や手抜きによる失敗ではありません。事前の準備を行い、積極的にチャレンジしても、上手くいかない時の失敗です。そして失敗した時は、その失敗の意味を考えねばなりません。どんな失敗でも、必ずそこから学べるものがあります。失敗は成功の素であり、次の成功へのステップにしなければなりません。

またどんな事業でも、賛否両論があります。反対があるからひるむのではなく、困難や障害に立ち向かっていく勇気を持たなければなりません。

4　仕事を好きになる

努力には、気の張りが伴い、心身共に疲弊します。好事は気の張りを忘れ、夢中になっていて、疲れを感じさせない状態です。それでは好事が優れているのかと言うとそうではありません。努力と好事のバランスが大切です。なぜなら好事は、長時間続かないからです。せいぜい2~3時間が限界です。

先ず仕事を好きになることから始めましょう。しかし仕事を好きになるのは容易ではありません。そんな時は、好きになったふりをしてください。笑いも同じで、楽しいから笑うのではなく、笑うから楽しくなるというのが本当です。

5　先送りせず、今できることを今行う

問題は先送りすると余計に大きくなり、解決により多くの労力が必要となります。常に「今でしょ」「ここでしょ」を合言葉に、１００％の力を出し切る習慣を持つことが大切です。

そのためには一度しか触らない習慣を身に付けると上手くいきます。メールでも、書類でも、仕事でも、一度触ったら後回しにせず、その場で処理する習慣をつけましょう。それが効率よく仕事を片付ける秘訣です。

6　ポジティブな言葉を口癖に

和泉市役所では、職員理念・職場指針・行動目標を、日頃より唱和していますが、職場では、「市民第一」「郷土愛」「チャレンジ」「改革」「素直」「チームワーク」「自分事」「謙虚」「誠実」「感謝」といったポジティブな言葉を会話に、織り込んでください。日頃の会話の中で使うことによって、自分の心に刷り込まれ、具体的な行動に現れることにより、職場の風土を作り上げていくのです。

7　報連相から確連報へ

報告・連絡・相談の徹底は、行動目標として掲げられていますが、「和泉発日本」といった施策を構築するためには、相談から確認へシフトアップする意識の向上が大切です。相談は相手にお伺いを立てる姿勢ですが、確認は自らの考えをまとめなければなりません。自らの力で、物事を組み立てることができる主体性を持つことが大切です。

【大切な箴言】
「初心忘るべからず」

室町時代、能を大成させた世阿弥は、『花鏡』という伝書に、「初心忘るべからず」という言葉を書き残しています。

この花鏡の結びには「しかれば当流に万能一徳の一句あり。初心忘るべからず。この句、三ヶ条の口伝あり。是非とも初心忘るべからず。時々の初心忘るべからず。老後の初心忘るべからず。この三、よくよく口伝すべし」とあります。

今では、「初心忘るべからず」という言葉は、「初めの志を忘れてはならない」という意味で使われていますが、世阿弥にとっての「初心」とは、人生の試練に遭遇した時の心のあり様のことで、「初心忘るべからず」とは、自分の未熟さや無能力さを受け入れながら、新しい事態に挑戦していく心構えを忘れず、どのような困難に陥っても、自ら進んで新しい試練に向かっていかねばならないということです。

「至誠通天《しせいてんにつうず》」

古代中国の儒学者、孟子の箴言で、何事も誠意をもってすれば、その思いは天に通じ、人を動かし、物事を成就させてくれるという教えです。

幕末に活躍した西郷隆盛は、この言葉を大切にしました。西郷にとっての「誠」とは、人に対してではなく、天に対してのものだったそうです。他人の目を気にするのではなく、天を相手に偽りのない誠を尽くすことこそが肝要で、上手くいかないことを責任転嫁することなく、ただ自分が誠を尽くしているかどうかだけに意識を向けていくのです。

事を進めていくと必ず賛否両論があり、大きな障害やさまざまな困難が立ちはだかります。その時こそ、己の「誠」が問われる瞬間です。決断した結果が、他に受け入れられるものばかりではありません。しかし、信念を持ち、誠意を尽くして取り組むことで、信頼関係が生まれるのではないでしょうか。その信頼を一段一段積み上げることにより、事が成就するのです。

「一燈照隅《いっとうしょうぐう》」

平安時代の高僧である最澄は、『山家学生式《さんげがくしょうしき》』の冒頭に「径寸十枚、これ国宝に非ず。一隅を照らす、これ即ち国宝なり」と示されました。これは、金銀財宝は国の宝ではなく、自分自身が置かれたその場所で精いっぱい努力し、明るく光り輝くことができる人こそ、貴い国の宝であるという教えです。

また昭和の激動期、政界・財界に大きな影響を与えた思想家の安岡正篤は、その教えを基に、それぞれの立場で必要とされる人となり、自らが〝一燈〟となって社会に貢献していれば必ず共鳴する人が現れ、いつしか〝万燈〟となって国を照らすようになると説き、「一燈照隅、万燈照国」という言葉を広げました。

本市においても、職員一人ひとりが「和泉市」に貢献する〝一隅を照らす存在〟となることにより、豊かさと躍動感を感じられる「共生のまち和泉」を実現できるのではないでしょうか。

あとがき

最後までお読みいただき、誠にありがとうございました。

私の市長としての16年間は、弥生時代から文化や経済の交流拠点として発展してきた和泉の歴史から見れば、一瞬の出来事に過ぎません。しかしその歴史の流れの中で、伝統を引き継ぎ、先人が取り組んだ事業を継承し、またある時は改革進化させ、和泉市のまちづくりを進めてきました。本当にその変化を目の当たりにしながら、政治家としてのダイナミズムを感じています。

和泉市という大樹は、これからも新しい年輪を重ね、新芽を息吹かせ、しっかりと根を張り巡らせ、夢のあるまちとして更なる成長を遂げていくことでしょう。

和泉市の発展のため、これまで取り組んできた和泉再生プラン、和泉躍進プランに引き続き、現在、和泉創発プランへの取り組みを進めています。創発とは、1＋1は2に止まらず、算術上の計算を超えて3にも4にもなり、相乗効果を生み出す現象のことを言います。本プランにおいて、市民と行政が現状の課題を共通認識し、それぞれの持つ強みや手法を組み合わせることにより、創発的な効果が生み出されます。これからも、子育て、教育、医療、福祉、防災、防犯など、市民の方々に身近な課題の解決を第一に考え、和泉市の施策充実への取り組みを進めたく思っています。

私は、これまでの人生で、10回の選挙にチャレンジしました。最初の2回は小学校児童会、次の3回は和泉市議会議員選挙、そしてあと5回は和泉市長選挙です。戦歴は7勝3敗、負けた選挙は、児童会選挙の2敗と、初めての市長選挙の1敗です。

人生初となる選挙は、小学校5年生の時でした。選挙権は、小学校4年生から6年生までの全員に与えられ、1クラス40人、1学年3クラスなので、有権者は360人です。情けないことに、小学校5年生当時、ジャイアン的存在であった私の得票数は17票、クラスメイトの半数も投票してくれていないという結果に終わりました。その苦い経験で、自分自身の人望のなさを痛感し、それからの1年間、同級生や下級生とのコミュニケーションを大切にして、迎えた6年生の時の選挙では、120票を獲得することができました。しかし当選は140票を獲得した同級生の女子でした。その女子が、なんと私の妻である当時の田中清美さんです。そんな妻に今でも叱咤激励されながら、二人三脚、一心同体で、人生を歩んでいます。

この度、上梓した『事興るは逆境にあり』では、妻のことをほとんど書きませんでしたが、ある時は頼りになる応援団長となり、またある時は最大の抵抗勢力となって、私を切磋琢磨させてくれたのは、保育園児の頃から一緒だった妻です。そんな妻清美には、ありがとうの気持ちでいっぱいです。

論語に「之を知る者は之を好む者に如かず、之を好む者は之を楽しむ者に如かず」という一文があります。これは「知る者は好んでやる者には及ばない。好んでやる者は楽しんでやる者には及ばない」という意味です。

私は、そこに「之を楽しむ者は、之を遊ぶ者に如かず」を付け加えたく思っています。遊ぶ時は、誰もが時間も疲れも忘れて夢中になります。遊び心で皆が夢中になってまちづくりを進め、和泉市が永遠に発展する都市になることを願っています。

市民のウェルビーイングに向かい、これからもグッドラック和泉！

◆参考文献

喜多川泰　上京物語　２００９年
原田隆史　大人が変わる生活指導　２００６年
原田マハ　キネマの神様　２００８年
中村天風　運命を拓く　１９９４年
中村天風　真人生の探究　１９４７年
尾田栄一郎　ワンピース　１９９７年
ジェームズ・アレン　「原因」と「結果」の法則　１９０２年
坂村真民　タンポポ魂　１９６９年
橋本左内　啓発録　１９４８年
アントニオ猪木　馬鹿になれ　２０００年
瀧本哲史　２０２０年６月30日にまたここで会おう　２０２０年
稲盛和夫　京セラフィロソフィ　２０１４年
谷川俊太郎　ゆっくりゆきちゃん　２００７年
臼井由妃　１週間は金曜日から始めなさい　２００６年
塩野七生　ローマ人の物語　１９９２年
世阿弥　花鏡　１４２４年
最澄　山家学生式　８１８~８１９年
月刊致知　２０２３年６月、８月、12月　２０２４年４月、７月

辻　宏康（つじ・ひろみち）
1959年8月29日　和泉市生まれ
▼経歴
1972年3月　和泉市立北松尾小学校卒業
1975年3月　和泉市立石尾中学校卒業
1978年3月　大阪府立鳳高等学校卒業
1984年3月　京都工芸繊維大学工芸学部卒業
1984年4月　加商株式会社（現在の豊田通商株式会社）入社
1996年9月　和泉市議会議員初当選（以降3期連続当選）
2004年3月　大阪市立大学大学院法学研究科修了
2009年6月　和泉市長初当選（以降4期連続当選）
▼主な役職
内閣府障害者政策委員会委員／全国基地協議会副会長／全国市長会行政委員会委員長
近畿市長会副会長／大阪府市長会会長
▼趣味
ジョギング（フルマラソン10回完走／ベストタイム3時間54分）
ピアノ演奏／読書／書道／映画鑑賞／登山
▼好きな言葉
ありがとう
▼座右の銘
初心忘るべからず／事興るは逆境にあり／至誠通天／一燈照隅

事興るは逆境にあり

令和6年12月19日　初版発行

著　者　辻　宏康
発行人　蟹江幹彦
発行所　株式会社　青林堂
〒150-0002　東京都渋谷区渋谷3-7-6
電話　03-5468-7769
装　幀　(有)アニー
組　版　キヅキブックス
カバー裏「いよいよ」辻宏康　画
印刷所　中央精版印刷株式会社

Printed in Japan

ISBN 978-4-7926-0779-1